누리과정 적용을 위한

유아미술활동

임은숙 저

태영출판사

머리말

아이들은 태어나면서부터 끊임없이 자신과 주변 환경을 탐색하고 조작한다. 그리고 자신의 생각이나 감정을 언어보다는 그림이나 만들기를 통해 전달하며 미술활동을 통해 일상생활에서의 긴장을 해소하고 상상력과 창의력을 증진시키며 미적 감각을 증진시킨다.

어떻게 하면 아이들이 세상에 대한 그들의 감정과 생각을 더 잘 표현할 수 있는 기회를 제공할 수 있을까?

어떻게 하면 아이들이 다른 아이들과 협동하며 작업을 하면서 따뜻한 인성을 가지게 될까?

어떤 미술활동이 세계화, 정보화의 시대에 창의력을 발휘할 수 있도록 도울 수 있을까?

이 책은 이런 문제들의 해결을 돕고자 집필하였다. 특히 누리과정 도입으로 교육현장에서는 이를 적용하기 위한 교사 연수가 이루어지고 있는 시점에서 교사들의 이해를 돕기 위해 예술경험 영역과 미술활동에 관한 내용과 이를 확대 적용하기 위한 활동들을 소개하였다.

이 책의 내용 및 구성은 크게 이론편과 실제편으로 나뉘어져 있다.

이론편은 미술이론의 기초, 발달이론과 미술활동, 누리과정과 유아미술교육, 교사의 역할, 유아의 미술활동을 위한 환경구성으로 이루어져 있으며 실제편은

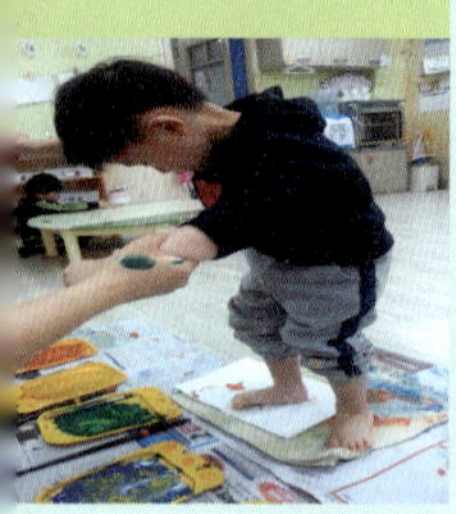

기법을 알고 나면 이를 활동 주제에 맞춰 많은 활동을 개발할 수 있다고 생각되어 유아들이 사용할 수 있는 표현기법의 실제와 주제에 따른 유아미술활동을 소개하였다. 표현기법을 보여주는 사진들은 영유아교육을 전공하는 대학생들이 미술관련 개인 포트폴리오 제작 시 자신의 솜씨를 보여주는데 도움이 되도록 기법을 완성도 있게 적용한 작품들을 수록하였다. 주제에 따른 유아미술활동은 입체적인 작업보다는 평면작업 위주로 선정하였으며 활동기법과 함께 작품 전시를 위한 아이디어를 제공하였다.

영아보다는 유아들의 발달에 맞춘 활동들을 제시한 점과, 아동의 그림을 보고 마음을 읽을 수 있는 아동미술의 이해는 꼭 필요한 분야로 생각되었지만 충분한 준비가 이루어지지 않아 설명하지 못한 점들은 아쉬움으로 남는다.

지금은 성인이 된 딸이 어렸을 때 그린 그림과 인천재능대학교 부속유치원 어린이들의 그림, 유아교육과 학생들의 작품들 모두가 귀한 자료로서 이를 저서에 실을 수 있도록 허락해 준 모두에게 감사의 마음을 전한다.

그리고 미적거리고 있는 나에게 일을 시작할 수 있도록 격려해 주신 동료 교수님들과 출판을 맡아 주신 태영출판사 김현태 사장님과 태영가족 여러분들께도 감사드린다.

2013년 7월

임은숙

차 례

제1부 이 론 편

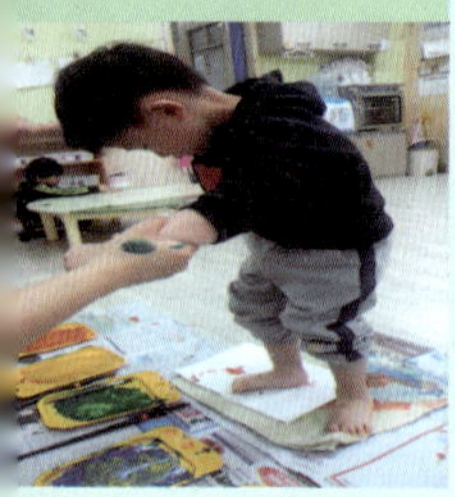

제2부 실제편

제2장 생활주제에 따른 유아미술활동의 실제 — 157

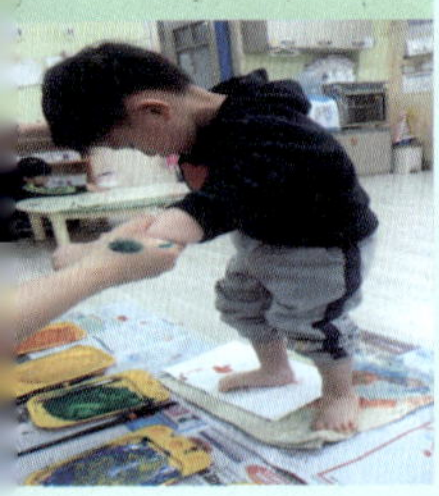

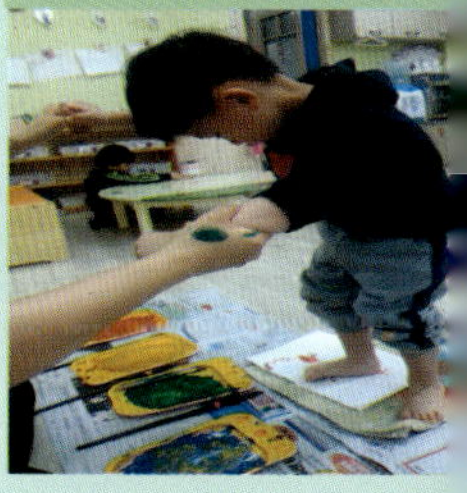

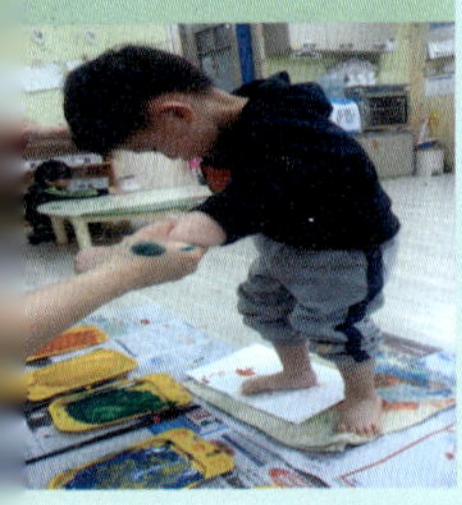

제 1 부

이 론 편

아동의 미술활동은 그들의 생활이고 욕구이며 생활의 표현이자 기록이다. 자신의 생각을 언어적으로 표현하기 어려운 아동일수록 자신이 보고 느낀 것을 그림으로 표현한다.

급속한 과학기술의 발전과 더불어 사람들의 생활 형태 및 생활방식이 다양해졌으며, 아름다움에 대한 느낌과 표현방법도 매우 폭넓게 발전하였다. 따라서 아동미술교육도 예술적인 발달을 촉진시키기 위해 아동의 발달특성 및 발달수준을 고려하여 프로그램을 계획해야 한다.

1부에서는 기본적인 미술이론, 발달이론과 미술활동과의 관계, 누리과정과 아동미술교육에 대해 알아본다.

제1장

미술이론의 기초

1. 기본 요소
2. 구성 요소
3. 구성 원리

넓은 의미에서의 미술(fine arts)은 시각으로 파악할 수 있는 미적표현 일체를 뜻하며, 좁은 의미의 미술, 즉 시각적 미술(visual arts)은 관례상 보통 건축 · 회화 · 조각 · 공예 같은 분야들을 포함한다(1995. 한국민족문화대백과사전).

여러 가지 재료를 활용해 형태를 만들어 가는 미술표현 과정은 점, 선, 면, 색과 같은 기본요소와 명암, 양감, 공간감, 질감, 원근감 등의 구성 요소들 간의 구성 원리에 따른 구성과 조화에 의해 미적표현이 이뤄진다.

1. 기본 요소

가. 점

모든 형태의 근원으로 기하학적으로는 크기가 없고 위치만을 표시한다. 그러나 미술에서의 점은 크기 없이 시각적으로 표현할 수 없으므로 크기와 면적을 가지며 점의 크기와 위치에 따라 시선의 흐름이 생긴다.

예) 눈, 모래, 가루, 개미

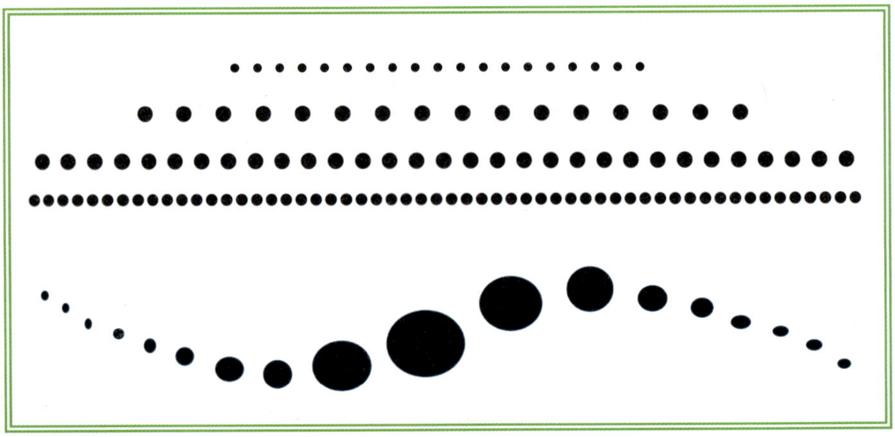

나. 선

기하학적으로는 두 점 사이의 연결 혹은 점의 연속을 선이라고 정의하며 미술 표현에 있어서는 보통 폭이나 굵기에 비해 길이가 긴 것을 선이라고 한다. 점이 모여서 이루어지는 선은 사물의 윤곽을 나타내기도 하고 공간을 구분하기도 하며 반복 · 대칭 · 균형 · 조화 등의 조형원리는 선에 의하여 나타난다.

예) 연필, 이쑤시개, 나무젓가락, 철사.

1) 선의 종류

선에는 강하고 단순하고 남성적인 직선과 부드러우며 운동감을 느끼게 하는 여성적인 곡선이 있다.

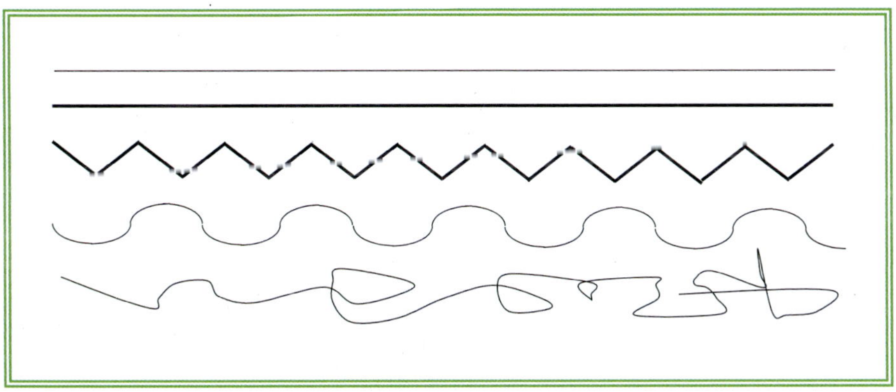

2) 선의 방향

선들을 활용하여 수평방향, 수직방향, 사선방향 등으로 연출할 수 있다.

가) 수평선

편안, 고요, 안정된 느낌을 나타낸다.

나) 수직선

정의, 열망, 정직의 느낌을 나타낸다.

다) 사선

움직임, 불안을 나타낸다.

라) 방사선

한 점에 집중하는 느낌을 나타낸다.

다. 형

1) 면

면은 주로 선의 이동이나 폭의 확대 등에 의해서 성립되며 면적을 지닌 2차원의 평면으로 사물의 일반적인 테두리를 이룬다.

예) 계단, 도시, 종이

2) 입체

면이 이동하여 생기는 형을 입체라 하며 3차원의 공간적 넓이를 차지하는 공간도형을 말한다.

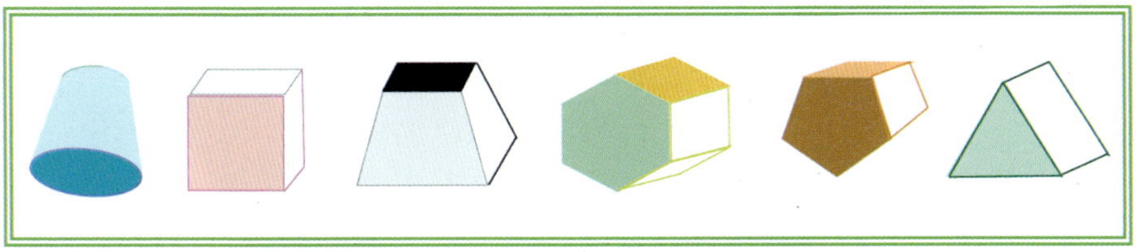

라. 색

빛의 스펙트럼 파장으로 구별할 수 있는 시 감각(視 感覺)의 특성으로 색의 속성은 색상(色相), 채도(彩度), 명도(明度)를 말하며, 색의 3원색은 빨강, 노랑, 파랑이다.

우리의 전통색은 동양 사상의 근간인 음양오행 사상의 오방색(靑, 白, 赤, 黑, 黃)을 중심으로 이루어졌다.

1) 색상

색의 종별을 말하며 빛의 파장에 따라 정해진다. 색이론 중 가장 기본은 먼셀의 색상환(色相環)이다. 동계색(동일계통의 색), 유사색(시각적으로 비슷한 색), 보색(반대가 되는 색)으로 나눠지며 이런 색감은 우리에게 따뜻함과 차가움의 심리를 보여 준다.

예) 20색상환, 극낙조, 무지개, 단풍, 단청

먼셀의 20색상환

가) 동계색

순색에 흰색, 검정색, 회색 등의 무채색을 혼합하여 만든 색이다.

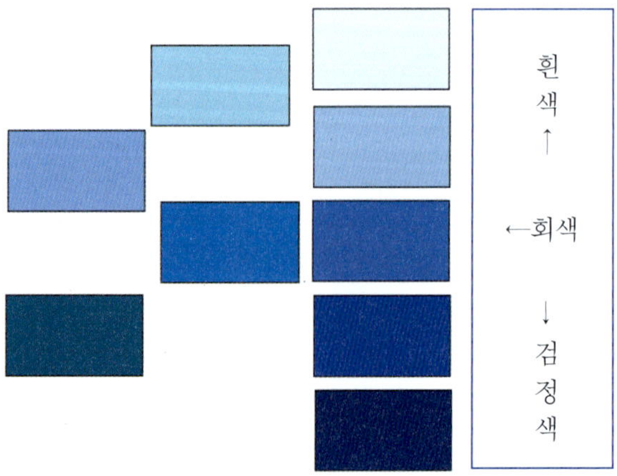

나) 유사색

색 배열에서도 서로 이웃하여 그 색의 바탕에 공통된 성질을 가지고 있는 색(색상환에서 45도 정도의 범위에 있는 색상)이다. 유사색은 눈에 부담을 주지 않는 자연스러운 느낌을 주며 유사색 배합은 상대방의 색상에 손상을 주지 않기 때문에 안정감이 있고 부드럽다.

예) 단풍, 동물의 보호색

다) 보색

색상이 다른 두 색의 물감을 적당한 비율로 혼합하여 무채색이 되는 두 색을 말한다. 색상환에서 서로 마주 보고 있는 색으로 보색관계인 두 색을 나란히 놓으면 색상이 더 뚜렷해지면서 선명하게 보인다.

예) 간판이나 포스터, 광고 기법

2) 채도

색의 선명성 정도(맑은 색, 탁한 색)를 말한다. 채도는 스펙트럼 색에 가까울수록 높아지며, 흰색과 검은색은 채도가 없어 무채색이라 한다.

3) 명도

밝기의 정도(밝은 색, 어두운 색)를 말한다. 눈이 느끼는 밝기에 의존하므로 물체 자체의 명도보다 주변에 있는 사물과 비교했을 때 차이가 확실해진다. 흰색을 섞으면 명도가 높아지지만 검정색을 섞으면 명도가 낮아진다.

2. 구성 요소

가. 명암

명도는 색 자체가 밝은지 어두운지를 말하는 것이며 명암은 빛에 의하여 생기는 대상의 밝음과 어두움을 말한다. 빛은 조명 · 노을 · 야경 · 프리즘 · 거울 · 유리 · 전구에 의해 만들어진다.

나. 양감

덩어리에서 느끼는 크기나 부피, 무게 등이 감각적으로 느껴지는 양을 말한다.

다. 공간감

작품에서 느낄 수 있는 공간적 넓이와 깊이의 느낌을 말하며 위/아래, 안/밖, 멀리/가까이, 가득 차 있음/비어 있음, 띄어져 있음/촘촘함, 많음/적음, 양 옆 등으로 표현된다.

라. 질감

작품의 표면에서 느껴지는 촉각적인 느낌을 말하며 각 재료가 지니고 있는 소재의 결이나 표현기법에 따라 독특하게 나타나는 표현효과를 느낄 수 있다.

질감의 효과는 부드러움/거칠음, 매끄러움/꺼칠꺼칠함, 주름짐/펴짐, 단단함/말랑말랑함, 두꺼움/얇음, 투명함/불투명함, 젖어 있음/말라 있음 등으로 표현된다.

마. 원근

어떤 형상의 원근감을 마치 사람의 눈으로 보는 것처럼 평면에 표현하는 기법으로 멀리 있는 물체는 작게, 가까이 있는 것은 크게 그리는 방법이 있다. 또한 빛의 농담(濃淡)을 통해서도 원근감을 표현할 수 있다.

3. 구성 원리

구성 요소들의 질서를 나타내는 법칙으로 볼 수 있으며 균형, 리듬, 강조, 통일 등을 들 수 있다.

가. 균형(balance)

형의 크기, 명암이나 채도, 질감 등 조건과 성격이 다른 대조적인 온갖 구성 요소들이 안정된 통일감을 유지하도록 배치하는 것을 말하며 균형을 표현하는 방법으로는 대칭균형, 비대칭균형이 있다.

1) 대칭균형

중심이 되는 대칭축을 중심으로 좌우 혹은 상하가 같은 형태로 정적인 느낌과 영구성, 강인성, 안정성을 느끼게 해 준다.

가) 좌우대칭

예) 데칼코마니, 건축, 사람의 얼굴, 무당벌레, 나비, 잠자리 등의 곤충, 식물

나) 상하대칭

예) 물 위에 비친 풍경

다) 방사형대칭

아무 대칭축에서나 전부 대칭을 이룬다.

예) 성게

2) 비대칭균형

축을 중심으로 작품의 양쪽 면이 서로 다른 것들로 이루어져 있으면서도 균형 있게 보이도록 표현함으로써 변화와 통일이 있는 균형을 이룬다.

예) '수태고지'(엘그레코 작)는 천사가 성모보다 훨씬 크지만 크기가 작은 성모보다 가볍게 보이도록 천사의 날개를 하늘로 향하게 그려 줌으로써 균형감을 느끼게 하였다.

나. 리듬(rhythm)

각 구성 요소들의 강약이나 단위의 장단이 주기성이나 규칙성을 가지고 반복적으로 표현됨으로써 자연스럽고도 아름다운 움직임을 느끼게 하는 시각적인 율동이라 할 수 있다. 구성에서 리듬이 없다면 부드러운 질서와 운동감을 느낄 수 없어 화면이 딱딱하고 어색해질 수 있다.

예) 얼룩말, 파도, 바람, 물결

다. 강조(emphasis, accent)

사람의 눈길을 끌기 위해 대비 · 분리 · 배치 · 초점의 부재 등 다양한 방법을 사용하여 특정한 부분을 강조하여 변화를 주는 것이다.

강조의 표현에서 주의할 점은 강조될 내용이 둘 이상이면 오히려 시각적 혼란을 가져올 수 있으므로 모티브의 주제를 어디에 두는가에 따라 강조의 중심이 정해지면 그 밖의 다른 요소들은 약화시켜야 한다.

예) 신호등, 무당벌레, 위험 표시판, 포스터

라. 통일(unity)

감각적으로나 또는 실제적으로도 형 · 색 · 양 · 재료 및 기술상에서 미적 관계의 결합이나 질서를 말한다.

통일감이 잘 이루어지려면 각 요소가 적절한 변화를 가지면서도 전체적으로 질서 있게 구성되어야 한다. 즉 지나친 통일감은 단조롭고 무미건조해지기 쉽고, 또 지나친 변화와 무질서는 혼란과 무질서를 초래하므로 적당한 통일과 변화로 합리적인 표현이 되도록 해야 한다.

예) 타일, 벽지, 포장지, 퍼즐

제2장

발달이론과 유아미술활동

1. 발달이론에 따른 유아미술의 관점
2. 유아미술의 발달 단계 및 특징

1. 발달이론에 따른 유아미술의 관점

유아미술의 보는 관점을 인지이론, 정신분석 이론, 성숙주의 이론, 지각이론 등의 발달이론에 따라 살펴보면 다음과 같다.

가. 인지이론

유아는 본 것을 그리는 것이 아니라 자신이 알고 있는 것을 그린다는 것으로 설명할 수 있다. 인지이론에 따르면 유아의 미술표현은 유아의 일반적인 발달 수준에 따르는 것이 아니라 개념형성의 정도를 나타내는 것으로 볼 수 있다. 따라서 눈앞에 있는 대상을 그대로 그리는 것이 아니라 그 대상에 대해 알고 있는 대로 그리기 때문에 엄마를 그릴 때 옷 속에 있는 가슴을 그리기도 하고 동물의 식도를 투시하여 그리기도 한다(이정욱 외, 2003). 2~3세 유아들이 처음 연필을 잡게 되면 아무 목적 없이 긁적거리다가 점차 어떤 형태가 나타나면서 그 그림에 대한 의미를 갖게 되는데 5~7세에 이르면 자신의 사고 수준에 따라 주변의 세상을 자유롭게 표현해 간다(이현아, 2010).

Goodenough(1926)와 Harris(1963)는 유아들의 그림을 인지발달의 결과로 사용하여 인물화 지능 검사를 개발하였다. 이를 토대로 김재은(1990)은 한국아동에게 표준화하여 유아들이 그린 인물을 통해 지적 성숙, 개념적 성숙을 측정하였다.

채점기준<남자척도>과 채점의 예

문항	채점요령
1. 머리	어떤 형태로든지 머리가 그려 있으면 된다. 단 머리의 윤곽선이 없으면 안 된다.
2. 목	머리와 동체를 연결하는 어떤 모양이든 목의 표시가 있어야 한다. 머리와 동체를 단순히 나란하게 그려 놓은 것만으로는 안 된다.
3. 목: 평면	목의 윤곽선이 머리나 동체를 그린 선과 연속적이어야 한다. 즉 목을 그린 선이 머리나 동체의 선으로 흐르듯이 그려져야 한다. 그러나 머리나 동체 사이에 끼어있는 두 줄의 나란한 선은 안 된다. 그러나 이 경우 칼라나 선이 굴곡으로 목과 머리 또는 동체 간의 연속성을 확실히 보여 줄 때는 점수를 준다.  점수를 준다. 안 준다.
4. 눈	하나든 둘이든 눈의 형태만 있으면 된다.
5. 눈의 세부: 눈섭	겉눈썹이나 속눈썹이 그려 있어야 한다.
6. 눈의 세부: 눈동자	눈동자(또는 홍체)가 눈의 윤곽과 구분되어 그려 있으면 된다. 눈을 두 개 그렸으면 두 눈에 다 동자가 있어야 한다.

남녀 척도의 문항은 60개 문항으로 눈, 코, 입, 손가락, 머리카락 등의 출현 및 세부 표현 능력에 따라 점수를 준다.

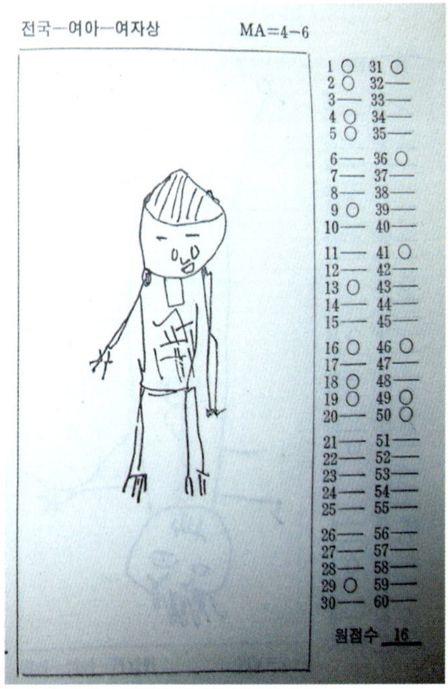

자료출처 : 김재은(1990). 간편지능검사. 서울: 교육과학사. 112~113쪽

나. 정신분석 이론

프로이드는 인간의 정신은 의식(conscious) · 무의식(unconscious) · 전의식(preconscious)으로 구성되어 있으며, 인간 행동의 대부분은 무의식에 의해 결정된다고 주장하였다. 인간은 불유쾌한 기억이나 감정, 현실적으로 바람직하지 못한 소원을 무의식에 억압시키는데 정신분석이란 이와 같이 무의식에 억압된 생각들을 의식 세계로 이끌어 내어 분석하며 치료하는 것을 의미한다.

유아도 자신에게 의미가 있는 사건 · 물체 · 사람 · 감정을 그림 속에서 과장되게 나타내거나 변형 또는 왜곡시켜서 표현하면서 자신의 억압된 정서나 감정을 그림으로 표출하게 된다. 이는 내적인 감정을 해소하는데 매우 효과적으로 해소하는데 매우 효과적으로 볼 수 있다. 알슐러(Alschuler), 나움버그(Naumburg), 맥코버(Machover) 등이 연구하였으며, 이들은 유아의 조형 표현이 개념 발달이나 지식 발달의 반영이라기보다는 유아가 느끼는 것을 그린다고 주장하였다(류지후 외, 2001, 재인용).

다. 성숙주의 이론

게젤의 성숙주의 이론은 유전과 진화론 이론에 기초하여 아동발달을 조정하는 힘으로 성숙을 중요시하였다. 그는 아동의 행동을 관찰하고, 부모와 교사에게 실시한 질문지 조사의 정보를 수집하여 발달예정표를 만들어 영아와 아동의 행동에 관한 규준적 정보를 제공하였다.

성숙주의 이론에 근거한 대표적 학자로는 로웬펠드(Lowenfeld)와 켈로그(Kellogg)를 들 수 있다.

이들은 각 연령에 따른 미술적 표현의 발달과정을 제시하였다. 1960년대 이후 인지발달 이론이 대두되면서 예정된 발달단계가 나타나기를 기다려서 지도하는 성숙주의 접근의 수동적 방법보다는 발달을 지지하여 인지적 발달을 가속화할 수 있는 능동적인 방법이 모색되었다(심성경 외, 2007).

라. 지각이론

지각이론은 게슈탈트(Gestalt)이론에 배경을 두며 유아들은 알고 있는 것이나 느낀 것을 그리는 것이 아니라 시지각(視知覺)에 의해 본 것을 그린다는 입장이다. Arnheim(1954)은 유아들이 처음에는 세분화되지 않은 전체로서 대상을 지각한 다음 점차적으로 세부적인 부분들을 지각하게 된다고 하였다(이숙재 외, 2002 재인용). 따라서 유아들이 그리기를 할 때, 최소한의 선과 형태로 이루어지는 긁적거리기가 가장 먼저 나타나게 되고, 점차적으로 유아의 그림은 복잡성과 선명성이 증가해 간다. 예를 들면, 사람은 머리·몸통·팔과 다리의 구조로 지각하며 나무는 나뭇잎인 둥근 원형과 나무둥치로 지각하는 것이다(이정욱, 2003).

2. 유아미술의 발달 단계

유아는 일상생활에서 다양한 매체와 재료를 사용하여 그리고, 색칠하고, 만들면서 자신의 생각과 감정을 표현하게 되는데 비록 미술의 발달 단계가 같더라도 각 유아는 개인차, 관심의 정도, 과제의 지속성, 즐거움이 다르다. 그러므로 유아의 발달 특성을 이해함으로써 유아들의 미술활동을 이해하고 지도하고 평가할 수 있게 된다.

유아들의 미술 발달에 대한 Kellogg(1969), Lowenfeld와 Brittain(1975), Brittain(1979), Schirrmacher(1998) 등의 이론을 연령에 따라 정리하면 다음과 같다.

가. 평면 미술의 발달단계

1) Lowenfeld와 Brittain의 발달 단계

Lowenfeld와 Brittain은 1세부터 청소년기까지의 미술 발달을 끄적거리기 단계(Scribbling), 전도식 단계(Preschematic), 도식 단계(Schematic), 초기 사실주의적 그림 단계(Drawing Realism), 의사 사실적 그림 단계(Pseudo-realism), 예술적 결정 단계(Artistic decision)등 6단계로 나누었다. 아동기 초기까지의 미술 발달 단계의 특징은 다음과 같다.

가) 끄적거리기 단계 (2~4세)

자기표현이 시작되는 단계로 무질서한 끄적거림(random scribbling), 통제된 끄적거림(controlled scribbling), 명명된 끄적거림(named scribbling) 등 3단계로 나뉜다.

① 초기 : 무작위 끄적거림 (1$\frac{1}{2}$~2$\frac{1}{2}$세)

손과 손목의 운동 능력이 덜 발달되어서 근육을 잘 통제하지 못하기 때문에 필기도구를 손 전체로 꽉 움켜쥐고 팔을 휘둘러 아무 곳에나 방향감각이 없이 끄적거려 놓는다.

② 중기 : 통제된 끄적거림 (2$\frac{1}{2}$~3$\frac{1}{2}$세)

끄적거리기를 시작하여 약 6개월 정도 지난 시기로 손의 움직임과 종이에 나타난 흔적 간의 관련성을 인식하며 자신의 그림을 조절하기 시작하는 단계이다. 끄적거림의 양상이 다양해져서 점이나 작고 불규칙한 선 대신에 규칙적인 방향과 반복되는 원, 수직, 수평 운동이 나타나며 좀 더 복잡한 고리 모양, 소용돌이 모양도 그린다.

③ 말기 : 명명된 끄적거림 (3$\frac{1}{2}$~4세)

자신의 움직임을 주위의 사물과 연관지어 생각하는 단계로, 행동을 통한 사고가 그림을 통한 창조적 사고로 바뀌게 된다. 자신이 끄적거린 것에 마음대로 이름을 붙이는데, 명칭과 그림이 유사하지 않는 경우가 많으며 명칭도 자주 바뀐다.

나) 전도식기 (4~7세)

비의도적인 표현과정에서 의도적 표현과정으로 옮겨가는 표상시도의 첫 단계이다. 유아는 의식적으로 목적을 가지고 자신의 주변 세계화 관련된 것들을 상징화하기 시작하면서 자신이 속한 환경 속에서 중요시하는 것들을 표현하기 시작한다.

크기의 비율이나 배치를 제멋대로 그리며 각 사물 간에 상호 연관성이 없는 것처럼 종이의 여기저기에 나열하여 그린다.

상징적 표현의 첫 시도로 사람을 그리는 것이 일반적인데 초기에는 인물화를 머리와 다리만 있는 형상으로 그리다가 점차 팔, 몸통, 손가락, 발가락, 옷, 머리 등을 그리며 특정 부분을 생략하거나 왜곡되게 그린다.

사물의 내부가 보이는 것처럼 내부를 외부와 함께 그리는 투사식 그림 (X-ray drawing)을 그리며 대부분 사물이 정면을 향하고 있는 형상으로 그린다. 또한 실물과 일치되는 색상을 선택하기보다 마음대로 사용한다.

다) 도식 단계 (7~9세)

도식이란 사물이나 주변 환경에 대한 이해를 나타내 주는 인식의 틀로서 사람이나 사물의 형태를 계속 반복하여 그림으로써 유아들의 경험과 정서에 따라 독특한 도식을 형성하게 된다. 중요한 부분을 확대 과장하여 그리거나 그림을 강조, 생략, 첨가함으로써 상징의 변화를 주고 중요하지 않은 부분은 무시하거나 축소시킨다.

인물화를 세밀히 잘 그리게 되고 공간의 상호 관계를 이해하고 땅이나 하늘의 표시로 기저선(base line)을 그리며 색에 대한 도식이 형성되어 사물의 색을 느낌이나 주관만으로 선택하지는 않는다.

2) Kellogg의 발달 단계

Kellogg는 '아동미술의 분석(1969)'에서 미국을 비롯한 30여 개국의 아동그림을 수집 · 분석하여 그림그리기 형태를 끄적거리기 단계(낙서기: scribble stage), 배치 단계(도형의 출현: placement stage), 도형단계(도형의 정교화: shape stage), 디자인 단계(design stage), 회화 단계(pictorial stage)로 제시하였다.

가) 끄적거리기 단계 (낙서의 단계 : 1~2세)

2세 이하의 유아들은 크레파스나 사인펜을 잡고 손을 움직여서 종이 위에 끄적거리는 것을 좋아한다. 이 때의 끄적거리기는 의미가 없으며 하나의 선 또는 여러 개의 선을 사용한다. 유아들이 주로 표현하는 기본적인 낙서는 점에서부터 직선, 곡선, 사선, 불완전한 원 등 20가지이며 이러한 끄적거리기 경험은 유아 미술 발달의 기틀이 된다.

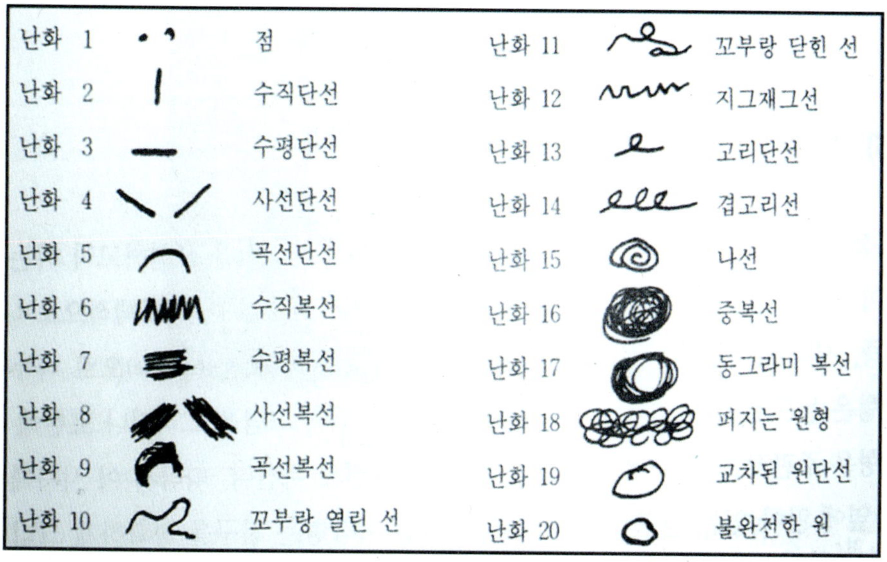

난화 1	점	난화 11	꼬부랑 닫힌 선
난화 2	수직단선	난화 12	지그재그선
난화 3	수평단선	난화 13	고리단선
난화 4	사선단선	난화 14	겹고리선
난화 5	곡선단선	난화 15	나선
난화 6	수직복선	난화 16	중복선
난화 7	수평복선	난화 17	동그라미 복선
난화 8	사선복선	난화 18	퍼지는 원형
난화 9	곡선복선	난화 19	교차된 원단선
난화 10	꼬부랑 열린 선	난화 20	불완전한 원

자료출처 : 한국미술교과교육학회(1999). 유아미술교육학. 서울 : 학문사. 204쪽

나) 배치 단계 (형상화 단계 : 2, 3세 ~)

종이 위에 어떻게 배치하여 끄적거리기를 할 것인가에 관심을 갖게 되며 종이의 중앙 · 위 · 아래 · 대각선 · 오른쪽 · 왼쪽 등에 끄적거리기를 한다.

다) 도형 단계 (디자인 단계 : 3세 ~)

유아가 2~3세가 되어 끄적거리기에 능숙해지면서 동그라미, 세모, 네모, 십자가, 대각선 십자형, 불완전한 동그라미 등의 기초적인 도형 형태가 나타난다.

라) 디자인 단계 (인물화의 단계 : 3, 4세 ~)

2가지 도형을 결합하거나 3가지 이상의 도형을 집합하는 그림을 그린다. 추상적이지만 어느 정도 균형이 잡힌 그림이 나타나며 다음의 세 가지 특징적인 형태를 나타낸다.

① 만다라형

만다라란 산스크리트어로 원을 뜻하는 말이다. 원 안에 십자가 모양을 그린 형태, 원이 여러 개 모인 형태, 사각형 안에 원이 포함된 형태, 원을 중심으로 팔방 으로 뻗어나간 형태가 나타난다.

② 태양형

태양형 그림은 3세가 되어야 나타나는데, 두 개 이상의 원이 겹치지 않고 원 안에 십자가 모양이 없어야 한다. 아동은 태양형을 사람 형태로 그려 원시적인 얼굴 형태로 나타내며 팔과 다리가 보이는 인물화가 나타나기도 한다.

③ 방사선형

긁적거리기가 반복되어 나타나며 십자가가 세 개 이상 모여 중심의 한 점을 지나가는 형태를 나타낸다.

초기의 인물화는 주위 사람을 관찰해서 그리기보다는 전 단계의 반복된 작업으로부터 이루어 낸 도형의 결과로서 아동은 얼굴형태의 타원형의 도형과 만다라형인 몸통부분을 합쳐서 그린다.

이 시기의 아동은 자신의 그림에 이름붙이기를 좋아한다.

마) 초기 회화단계 (4, 5세 ~)

사실적인 그림을 그리기 시작하는 단계로 주로 동물, 식물, 건물, 수송기관 등 사물의 형태를 표상하는 그림을 그리기 시작한다. 성인이 인식한 것과 같이 사물을 비슷하게 그리기 시작하며 이때 자신이 그린 것이 실재와 비슷하다고 느꼈을 때 아동은 미적 경험을 하게 된다.

3) 평면 미술의 특징

평면 미술이란 평평한 평면에 나타내는 미술이다. 아동이 사용하는 2차원

미술활동의 재료에는 그림물감, 연필, 색연필, 크레파스, 풀, 잡지 그림 등이 있다. 여러 학자들의 견해를 종합해서 유아의 미술에서 나타나는 독특한 표현법을 정리해 보면 다음과 같다(Kellogg, 1969 ; Lowenfeld & Brittain, 1975 ; Brittain, 1979 ; Schirrmacher, 1998 ; 박은덕, 1997 ; 김정, 1985 ; 정문자 · 지혜련 · 이숙재, 1995 ; 이숙재 외, 2002 ; 류지후 외, 2001 ; 양경희).

가) 만다라형의 그림을 그린다.

아동은 동심원 안에 십자형, 사각형의 연합이나 집합된 그림을 그린다. 이러한 그림의 형태는 본질적으로 예술의 속성을 갖는 미술의 발달단계일 뿐만 아니라 성인의 예술과 아동미술을 연결하는 중요한 속성이다.

나) 물활론적 사고표현

만물이 생명을 가지고 있는 것으로 믿는 애니미즘(animism)적 사고의 형태이다. 이 시기에는 현실과 상상의 세계를 혼동하며 사물을 인간과 같이 생각하는 경향이 있다. 아동과 친밀한 해 · 나무 · 꽃 · 새 등을 그릴 때도 인간의 얼굴로 표현하는 등의 희한한 소재가 많다.

나무에 팔이 그려져 있다.
이주영(여, 3년 7개월)

별에 사람의 얼굴이 그려져 있다.
이주영(여, 3년 1개월)

다) 두족인

초기에는 긁적거려서 생긴 원형에 눈, 입 등을 표현하여 인물화를 그리다가 몸집이 없고 얼굴에서 직접 2개의 다리와 팔이 나타나거나(head-feet representation) 원을 중심으로 팔, 다리를 마치 태양과 같이(태양형 인물) 또는 올챙이 그림으로 사람을 그린다. 점차 분화되면서 몸통과 팔을 그리는데 팔의 위치를 처음에는 머리에 그리다가 몸체에 그린다. 팔과 다리도 초기에는 선으로 그리다 점차 면으로 표현한다.

점차 섬세한 부분을 더 첨가해서 머리카락, 손, 손가락, 발, 신발 등을 그리며 옷, 단추, 리본을 그려서 성별 차이를 표현하기도 한다.

또한 유아가 중요하다고 생각하는 신체 부분은 크게 과장하여 표현하고 별로 중요치 않게 생각하는 부분은 축소하거나 생략하여 그린다.

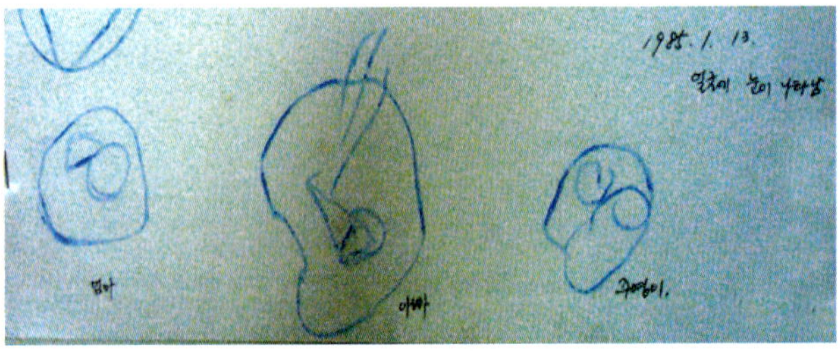

엄마, 아빠, 주영이(눈, 코, 입, 머리카락이 나타남)
이주영(여, 1년 9개월)

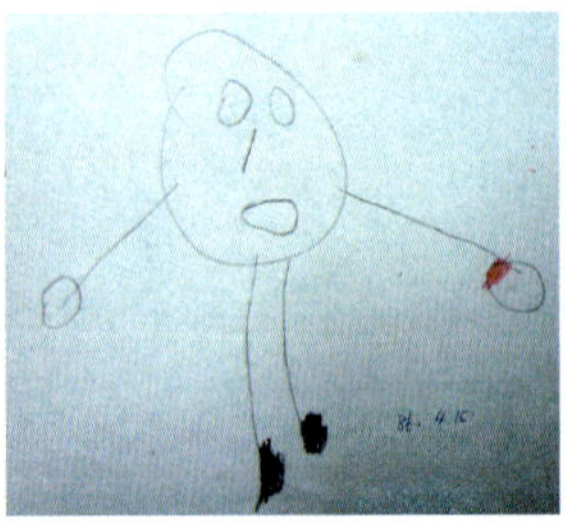

팔과 다리가 나타남
이주영(여, 3년 1개월)

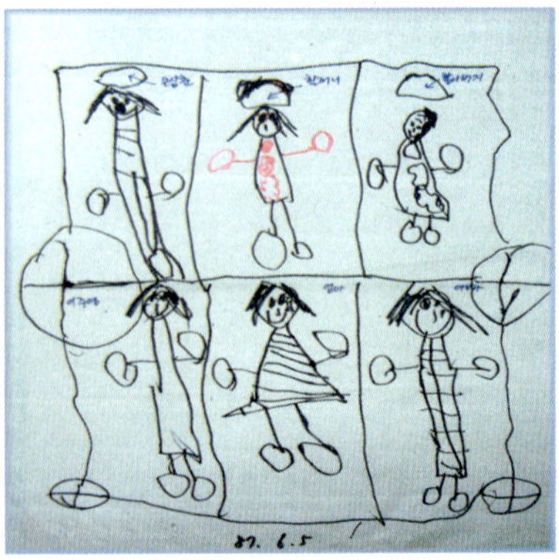

큰삼촌, 할머니, 할아버지, 주영, 엄마, 아빠
이주영(여, 3년 2개월)

아빠, 엄마, 주영
이주영(여, 3년 9개월)

라) 이름 붙이기를 좋아한다.

의도적인 긁적거리기 단계의 아동들은 자기가 그린 그림에 이름 붙이기를 좋아하는데 이것은 자기 그림이 무엇을 표상하고 있다는 것을 의미한다. 또한 자기가 무엇을 그린 것인지에 대해 설명하기를 즐긴다. 이러한 특성은 환경에 대한 자기의 느낌을 표현하는 의사소통의 중요한 수단이 된다. 초기에는 손이 먼저 움직이고 나중에 언어로 의미를 부여했기 때문에 임의적인 의미 부여였지만, 3세 정도가 되면 그리고 싶은 것을 먼저 떠올리고 그에 따라 손을 움직여 그림을 그리기 시작하기 때문에 처음부터 그리는 것이 '엄마'였으면 끝까지 '엄마'라고 하는 것이다. 그렇지만 아직 형을 그리지는 못한다. 따라서 여러 개의 동그라미로 사물을 표현하는 것이다. 하나하나의 동그라미는 사물을 나타낼 뿐이지만 각각이 서로 관련지어져서 하나의 이야기가 만들어진다.

애기

엄마

아빠

작은삼촌

할아버지

큰삼촌

할머니

마) 과장된 표현을 한다.

아동은 자신이 좋아하는 것, 가치 있는 것, 의미 있는 것 등을 과장해서 그리거나 축소 또는 생략하기도 한다. 자기중심적 사고를 하므로 자기에게 인상이 강하게 남은 것을 크게 그린다.

바) X-Ray식 표현 (투시화)

아동은 현실적으로는 동시에 볼 수 없는 것을 동시에 볼 수 있는 것처럼 그린다. 신체나 교통기관의 내부가 보이는 것처럼 투시적 표현을 하는데 이러한 표현은 아동이 본 것을 그리기보다는 아는 것을 그린다는 것을 입증하는 것이다.

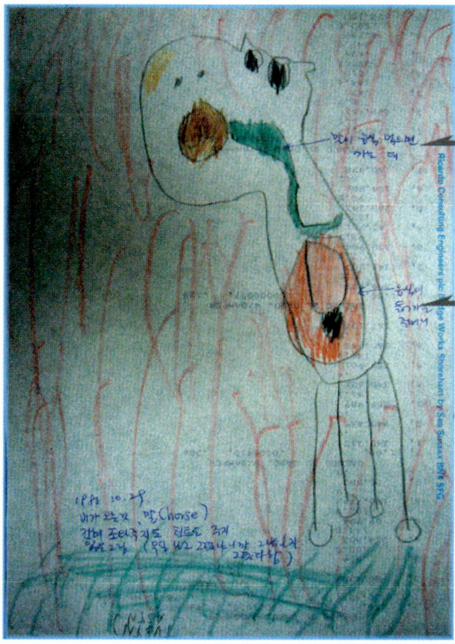

이주영(여, 3년 7개월)

사) 기저선을 그린다.

초기에는 공간 개념이 거의 발달되지 않아서 사물을 여기저기에 나열하여 그림으로써 모든 대상이 공중에 떠 있는 것처럼 보인다. 공식표현 단계(7~9세)에 이르면 점차 가로선을 그어서 이것을 기선으로 삼아 그 위에 대상을 수직으로 그린다. 때로는 기선이 경사면인 경우에도 사물이나 사람을 경사면에 직각이 되게 그린다. 예를 들어 굴뚝을 세모 지붕에 수직으로 그리거나 산에 나무를 수직으로 그려서 굴뚝과 비스듬히 누워 있는 것처럼 보이는 경우도 있다.

아) 회전식 표현

공간개념이 분화되어 가는 과정에서 자기를 중심으로 사물을 배치하고 종이를 빙빙 돌려 가며 회전식으로 그린다.

생일 잔칫날
이주영(여, 3년 10개월)

자) 공존화 현상

공존화 현상(synchronism)은 시간과 공간을 뛰어넘어 여러 면에서 본 것을 한 그림에 다 나타내거나 과거, 현재, 미래의 현상이 한 그림 안에 나타나는 것이다. 예를 들어 연못에 있는 물고기를 그리면서 연못을 위에서 본 모습으로, 물고기는 옆에서 본 모습을 그리는 것이다. 이러한 특성은 공간개념과 시간개념의 발달과정에서 나타나는 특성이다.

엄마랑 공놀이하는 거

얼굴은 정면, 몸은 측면으로 그려짐.
이주영(여, 3년 6개월)

차) 색채 사용

처음에는 가까이 놓인 크레파스를 집어 들거나 자기 마음에 드는 색깔 한두 가지로 그림을 그리다가 5, 6세가 되면 실물의 색상을 고려해서 색칠을 한다.

나. 입체적 공예 활동의 발달

아동은 찰흙, 밀가루 점토, 나무토막 상자, 스티로폼, 구슬 꿰기, 직조 등의 부피감이 있는 3차원의 입체적 공예 활동을 매우 즐기지만 그 능력은 그리기에 비해 뒤떨어지는 것으로 연구되었는데, 그 이유는 만들기 활동이 그리기에 비해 재료와 용구가 다양하고 만드는 과정이 그리기보다 어려움을 많이 느끼기 때문이라고 한다(염태진, 1987).

또한 찰흙은 쉽게 더러워지고 어지럽혀 지기 때문에 성인에 의해 사용에 제한을 받는 경우가 많아 물이나 모래보다는 접근성이 떨어진다고 볼 수 있으나 만지는 느낌이나 만지는 대로 형태가 변하는 성질, 붙였다 떼었다 할 수 있는 특성으로 인해 유아들의 소근육과 촉각이 발달할 수 있다. 찰흙이나 밀가루 반죽, 고무, 찰흙 등을 가지고 입체적인 구성 활동을 하는 발달 과정에 대해 Brittain(1979), Schirrmacher(1998)는 네 단계로 설명하였다.

1) Brittain의 발달 단계

가) 2세

찰흙을 두드리고 잡아떼고 다시 붙이는 등의 활동을 한다.

나) 3세

찰흙을 굴려서 공 모양을 만들거나 길게 굴려서 뱀 모양을 만든다.

다) 4세

여러 개의 공 모양을 함께 붙여서 좀 더 복잡한 형태를 만들고 이것에 이름을 붙인다.

라) 5세

유아가 무엇을 만들 것인지를 먼저 이야기한 후 만들기 시작한다. 대부분 서 있는 형태가 아니라 바닥에 납작한 형태로 만든다.

2) Schirmacher의 발달 단계

가) 찰흙이 무엇인지 탐색하는 단계 (2세)

오감을 이용한 탐색활동을 한다. 찰흙을 보고 만지고 두드리고 주무르고 냄새를 맡아 보고 찰흙을 다룰 때 나는 소리를 듣는다. 아동은 찰흙 자체에 관심이 있으며 찰흙으로 무엇을 만드는 것에는 관심이 없다.

나) 찰흙으로 무엇을 만들지 모색하는 단계 (3세)

찰흙을 다루면서 물리적인 속성을 알게 된다. 의도적으로 무엇을 만들지는 않으나 우연히 뱀이나 공 모양을 만들고 이런 활동을 반복하면서 작품을 만든다.

다) 제작 단계 (4세)

찰흙으로 좀 더 복잡한 형태의 작품을 만들 수 있다. 또 자신이 만든 작품을 보여주고 설명하기를 좋아한다.

라) 기획 제작하는 단계 (5세)

찰흙으로 무엇을 만들지 미리 계획하여 제작한다. 작품도 상당히 사실적으로 제작되어 다른 사람이 무엇을 만든 것인지 알아볼 수 있다.

이러한 찰흙활동 발달단계는 그리기 표현 발달과 높은 정적 상관관계를 갖고 있어 함께 증가하는 것을 알 수 있다(홍혜자, 1988).

제3장

누리과정과 유아미술교육

1. 누리과정 제정의 특성
2. 3~5세 연령별 누리과정의 구성방향
3. 예술경험 영역과 미술활동

유아교육 · 보육에 대한 국가의 책임을 강화하기 위한 정책으로 교육과학기술부장관과 보건복지부장관은 3~4세 누리과정 제정과 2011년 고시된 5세 누리과정 일부 개정을 포함하는 3~5세 누리과정을 고시하였다(2012년 7월 10일).

누리과정 속에서의 미술활동은 예술경험 영역의 아름다움 찾아보기, 예술적 표현하기, 예술 감상하기 등의 범주에서 이루어질 수 있다.

활동형태는 자유선택활동, 대 · 소집단활동, 바깥놀이 활동으로 구분하였다.

자유선택활동은 쌓기놀이 영역, 역할놀이 영역, 언어 영역, 수 · 조작 영역, 과학 영역, 미술 영역, 음률 영역으로, 대 · 소집단활동은 활동유형에 따라 이야기 나누기 · 동화 · 동시 · 동극 · 음악 · 신체 · 게임 · 요리 · 미술 · 현장체험으로 통일하였다.

이에 따라 각 생활주제별 「교육활동의 실제」에서 각 활동명 옆에 먼저 활동형태를 명시하고 자유선택활동은 영역으로, 대 · 소집단활동은 유형으로 구분하여 활동의 성격을 기술하였다(교육과학기술부, 2013).

미술교육을 위해 누리과정 제정의 특성과 예술경험 영역의 내용을 살펴보면 다음과 같다(교육과학기술부 · 인천광역시유아교육진흥원, 2013).

1. 누리과정 제정의 특성

가. 총론 내용 강화

5세 연령별 누리과정 총론의 구성방향, 목적, 영역별 총괄 목표에 편성, 운영, 교수 · 학습 방법 및 평가의 내용을 추가함으로써 국가수준의 공통과정의 구성 체계와 형식을 갖추었다.

나. 5세 누리과정의 구성방향과 구성 체계 유지

① 신체운동 · 건강, 의사소통, 사회관계, 예술경험, 자연탐구의 5개 영역으로 구성되었다.

② 전체적인 체계화 맥락을 고려하여 필요시 내용을 통합하거나 명칭을 수정하였으며, 만 5세와 만 3~4세 누리과정의 새로운 제정과 함께 5세 누리과정의 부분적인 개정이 동시에 이루어져 만 3~5세 대상 연령별 누리과정을 완성하였다.

다. 영역별 목표 제시 및 연령별 내용 구성

① 5개 영역별로 만 3, 4, 5세를 동일한 목표로 제시하고, 내용은 유아의 발달 수준을 고려하여 연령별로 구성하였다. 단, 3~5세 유아의 발달 특성상 연령별로 구분하는 것이 적절하지 않거나 3~5세 연령에서 공히 다루어야 할 내용에 대해서는 3~4세, 4~5세, 3~5 세를 동일하게 제시한 경우도 있다.

② 이는 초등학교 저학년 교육과정에서 학년군별 목표는 동일하게 설정하고, 성취기준은 학년별로 제시하고 있는 초등학교 학년군 교육과정의 성격과 형식을 취한 것이다.

라. 기본생활습관과 인성교육 지속 강조

5세 누리과정에 이어 3~5세 연령별 누리과정에서도 질서, 배려, 협력 등의 기본생활습관과 인성교육을 강조하였다.

① 최근 국가 · 사회적으로 강조되고 있는 녹색성장교육, 인터넷 · 미디어 중독

예방교육 등에 관련된 내용을 추가로 반영

② 다양한 가족 유형과 문화, 국제화 등 다원화된 사회에서 미래 민주 시민의 기초를 형성하도록 다른 사람과 화목하게 지내며 나와 다른 사람과의 차이를 존중하는 내용을 강조

마. 초등학교 교육과정 및 0~2세 표준보육과정과의 연계성 고려

5세 누리과정과 동일하게 초등학교 교육과정과의 연계성을 지속적으로 강화하고, 보다 포괄적인 관점에서 아래 연령대인 0~2세 표준보육과정과의 연계를 고려하여 내용을 체계화하였다.

2. 3~5세 연령별 누리과정의 구성방향

3~5세 연령별 누리과정의 구성방향은 다음과 같다.

- 질서, 배려, 협력 등 기본생활습관과 바른 인성을 기르는데 중점을 두어 구성한다.
- 자율성과 창의성을 기르는데 중점을 두고, 전인발달을 이루도록 구성한다.
- 사람과 자연을 존중하고, 우리 문화를 이해하는 데 중점을 두어 구성한다.
- 만 3~5세아의 발달 특성을 고려하여 연령별로 구성한다.
- 신체운동 · 건강, 의사소통, 사회관계, 예술경험, 자연탐구의 5개 영역을 중심으로 구성한다.
- 초등학교 교육과정과 0~2세 표준보육과정과의 연계성을 고려하여 구성한다.

3. 예술경험 영역과 미술활동

유아들의 미술교육은 주로 예술경험 영역에서 미술적 요소 탐색하기, 미술활동으로 표현하기, 통합적으로 표현하기를 통해 이루어지며 자유선택활동으로서의 미술활동과 대·소집단에서의 미술활동, 그리고 시장놀이나 동물원놀이와 같은 통합활동을 위한 미술활동이 있다. 누리과정 교사용 지침서에서는 다양한 소재와 기법을 활용한 미술활동을 소개하고 있다(부록 참조).

가. 예술경험 영역의 내용

예술경험 영역은 유아가 친근한 주변 환경에서 발생하는 소리, 음악, 움직임과 춤, 모양과 색 등의 미술 요소에서 아름다움을 느끼고, 또래와 교사, 부모 지역사회의 주민이나 작가가 표현한 예술작품을 가까이 접하면서, 이를 탐색하고 창의적으로 표현하는 것을 즐기며 감상하기 위한 영역이다.

예술경험 영역의 목표는 아름다움에 관심을 가지고 예술경험을 즐기며, 창의적으로 표현하는 능력을 기르는 것이며 '아름다움 찾아보기', '예술적 표현하기', '예술 감상하기'의 세 가지 내용 범주로 되어 있다. 이 세 가지 범주는 구분되기보다는 서로 밀접하게 연관되어 있어, 아름다움을 찾고 표현하며 감상하는 것은 유아의 예술경험을 지속적으로 새롭게 재구성한다. 따라서 인위적인 구분에 따라 별개의 독립된 활동으로 다루기보다 유아가 일상생활 속에서 다양한 예술 매체를 통해 아름다움을 찾고 표현하며 감상하는 활동들이 자연스럽게 순환되고 통합되도록 한다.

예술경험 영역의 내용범주와 내용에 대한 연령별 세부내용은 다음과 같다.

<table>
<tr><th rowspan="2">내용 범주</th><th rowspan="2">내용</th><th colspan="3">3~5세 연령별 누리과정 세부내용</th></tr>
<tr><th>3세</th><th>4세</th><th>5세</th></tr>
<tr><td rowspan="3">아름다움 찾아보기</td><td>음악적 요소 탐색하기</td><td colspan="2">다양한 소리, 음악의 셈여림, 빠르기, 리듬 등에 관심을 갖는다.</td><td>다양한 소리, 악기 등으로 음악의 셈여림, 빠르기, 리듬 등을 탐색한다.</td></tr>
<tr><td>움직임과 춤 요소 탐색하기</td><td colspan="2">움직임과 춤의 모양, 힘, 빠르기 등에 관심을 갖는다.</td><td>움직임과 춤의 모양, 힘, 빠르기, 흐름 등을 탐색한다.</td></tr>
<tr><td>미술적 요소 탐색하기</td><td colspan="2">자연과 사물의 색, 모양, 질감 등에 관심을 갖는다.</td><td>자연과 사물에서 색, 모양, 질감, 공간 등을 탐색한다.</td></tr>
<tr><td rowspan="10">예술적 표현하기</td><td rowspan="4">음악으로 표현하기</td><td>간단한 노래를 듣고 따라 부른다.</td><td colspan="2">노래로 자신의 생각과 느낌을 표현한다.</td></tr>
<tr><td colspan="3">전래동요를 즐겨 부른다.</td></tr>
<tr><td>리듬악기로 간단한 리듬을 표현해본다.</td><td colspan="2">리듬악기를 연주해 본다.</td></tr>
<tr><td colspan="2">간단한 리듬과 노래를 즉흥적으로 만들어 본다.</td><td>리듬과 노래 등을 즉흥적으로 만들어 본다.</td></tr>
<tr><td rowspan="3">움직임과 춤으로 표현하기</td><td colspan="2">신체를 이용하여 주변의 움직임을 자유롭게 표현한다.</td><td>신체를 이용하여 주변의 움직임을 다양하게 표현하며 즐긴다.</td></tr>
<tr><td colspan="3">움직임과 춤으로 자신의 생각과 느낌을 표현한다.</td></tr>
<tr><td colspan="2">도구를 활용하여 다양한 움직임으로 표현한다.</td><td>다양한 도구를 활용하여 창의적으로 움직인다.</td></tr>
<tr><td rowspan="3">미술활동으로 표현하기</td><td>다양한 미술활동을 경험해본다.</td><td colspan="2">다양한 미술활동으로 자신의 생각과 느낌을 표현한다.</td></tr>
<tr><td></td><td>협동적인 미술활동에 참여한다.</td><td>협동적인 미술활동에 참여하여 즐긴다.</td></tr>
<tr><td>미술활동에 필요한 재료와 도구에 관심을 가지고 사용한다.</td><td colspan="2">미술활동에 필요한 재료와 도구를 다양하게 사용한다.</td></tr>
</table>

<table>
<tr><th rowspan="2">내용 범주</th><th rowspan="2">내용</th><th colspan="3">3~5세 연령별 누리과정 세부내용</th></tr>
<tr><th>3세</th><th>4세</th><th>5세</th></tr>
<tr><td rowspan="4"></td><td rowspan="2">극놀이로 표현하기</td><td>일상생활의 경험을 극놀이로 표현한다</td><td>일상생활의 경험이나 간단한 이야기를 극놀이로 표현한다.</td><td>경험이나 이야기를 극놀이로 표현한다.</td></tr>
<tr><td></td><td colspan="2">소품, 배경, 의상 등을 사용하여 협동적으로 극놀이를 한다.</td></tr>
<tr><td rowspan="2">통합적으로 표현하기</td><td></td><td colspan="2">음악, 움직임과 춤, 미술, 극놀이 등을 통합하여 표현한다.</td></tr>
<tr><td colspan="2">예술 활동에 참여하여 표현과정을 즐긴다.</td><td>예술 활동에 참여하여 창의적으로 표현하는 과정을 즐긴다.</td></tr>
<tr><td rowspan="3">예술감상하기</td><td rowspan="2">다양한 예술 감상하기</td><td>다양한 음악, 춤, 미술작품, 극놀이 등을 듣거나 본다.</td><td colspan="2">다양한 음악, 춤, 미술작품, 극 놀이 등을 듣거나 보고 즐긴다.</td></tr>
<tr><td colspan="3">나와 다른 사람의 예술 표현을 소중히 여긴다.</td></tr>
<tr><td>전통예술 감상하기</td><td>우리나라의 전통예술에 관심을 갖는다.</td><td colspan="2">우리나라의 전통예술에 관심을 갖고 친숙해진다.</td></tr>
</table>

〈출처 : 교육과학기술부 · 인천광역시유아교육진흥원.
3~5세 연령별 누리과정 운영지원을 위한 교사연수자료집. pp. 127~129〉

3~5세 연령별 누리과정에 나타난 예술경험의 내용 및 세부내용 개수는 다음과 같다.

<table>
<tr><td rowspan="7">예술경험</td><td colspan="2">내용범주</td><td>• 아름다움 찾아보기
• 예술적 표현하기
• 예술 감상하기</td></tr>
<tr><td rowspan="3">내용</td><td>3세</td><td>10</td></tr>
<tr><td>4세</td><td>10</td></tr>
<tr><td>5세</td><td>10</td></tr>
<tr><td rowspan="3">세부내용</td><td>3세</td><td>17</td></tr>
<tr><td>4세</td><td>20</td></tr>
<tr><td>5세</td><td>20</td></tr>
</table>

〈출처 : 교육과학기술부 · 인천광역시유아교육진흥원.
3~5세 연령별 누리과정 운영지원을 위한 교사연수자료집. p. 30〉

나. 미술활동계획안

미술활동을 위한 단위수업계획안의 예를 보면 다음과 같다(출처: 5세 누리과정 교사용지도서 11권, pp. 222~226 요약)

< 5세반 >

활동명	'겨울풍경' 명화 감상하고 그림그리기		
활동유형	대 · 소집단 활동	영역	미술 영역
생활주제	봄 · 여름 · 가을 · 겨울	주제	겨울

목표	5세 누리과정 관련요소
• 겨울철의 특징(날씨, 놀이, 자연의 변화 등)에 대해 관심을 가진다. • 겨울풍경의 아름다움을 느끼고 즐긴다. • 겨울풍경을 그린 명화를 감상하여 자신의 생각을 다른 사람에게 적절히 표현한다. • 그리기 재료의 특성을 이해하여 창의적으로 표현한다.	• 의사소통: 말하기 – 느낌, 생각, 경험 말하기 • 예술경험: 예술 감상하기 – 다양한 예술 감상하기 • 예술경험: 예술적 표현하기 – 미술활동으로 표현하기 • 자연탐구: 탐구하는 태도 기르기 – 호기심을 유지하고 확장하기
(창의 · 인성 관련) • 창의성: 사고의 확장 – 이야기 상상하기	
(초등학교 교육과정 관련) 즐거운 생활: 겨울 –겨울에 볼 수 있는 풍경을 다양한 방법으로 표현한다. 국어: 쓰기 –대상의 특징이 드러나게 짧은 글을 쓴다.	

가. 활동자료

융판, 겨울풍경과 관련된 명화 자료(모네 '까치', 고야 '눈보라', 브뢰겔 '겨울의 기쁨'), 편지봉투와 편지, 도화지 혹은 스케치북, 여러 가지 그리기 재료(크레파스, 파스텔, 물감, 붓 등)

나. 활동방법

1) 교사는 유아들에게 편지 봉투를 보여주며 편지를 읽어 준다.

–선생님이 오늘 편지를 하나 가지고 왔어. 어떤 편지일까?

–편지에는 어떤 이야기가 적혀 있을 것 같니?

〈편지내용〉

안녕? 난 모네이네. 바지유, 잘 지내고 있는가? 난 시골로 갈 거야. 지금 그곳은 말할 수 없이 멋질 것 같아. 그리고 나는 여름보다 겨울의 시골을 더 좋아한다네. 내가 그린 에트르타라는 곳의 겨울을 한 번 보겠는가?

(에트르타에서 모네가 바지유에게 보낸 편지를 각색)

2) 겨울 풍경을 그린 명화들을 보여주며 작품을 감상한다.
-모네가 그린 겨울의 풍경이야. 이 작품에서 무엇이 보이니?
-화가는 눈을 어떤 색으로 표현했니?
-이 그림의 제목을 짓는다면 무엇이 좋을까? 왜 그렇게 생각했니?
3) 겨울 풍경을 그린 명화를 보면서 어떤 작품이 마음에 드는지 알아본다.
-너희들이 만약 겨울 풍경을 그린다면 어디서 어떻게 그려 보고 싶니?
4) 유치원과 유치원 주변 중 어디에서 겨울의 다양한 풍경을 그리고 싶은지 의논하고, 직접 나가 그림으로 그려 본다.
-유치원 주변이나 유치원의 겨울 풍경을 그릴 것인데 어디서 그리는 것이 좋을까요?
5) 유아들이 그린 그림을 서로 감상하며 자신의 생각과 느낌을 창의적으로 표현할 수 있도록 격려한다.

다. 활동의 유의점

1) 겨울 풍경을 그린 명화들을 미술 영역에 제시하여 유아들이 일과 속에서 다양한 겨울의 모습을 표현한 그림들을 감상할 수 있도록 한다.
2) 겨울 풍경 그림그리기를 하며 유아들이 서로 다양하고 독창적인 생각과 표현을 인정해 주는 분위기를 조성한다.

라. 활동평가

1) 겨울 풍경의 아름다움에 관심을 가지고 명화를 감상하는지 평가한다.
가) 겨울 풍경의 아름다움을 느끼고 즐기는가?
나) 겨울 풍경을 다양한 모습으로 그린 명화를 감상하며 자신의 생각을 다른 사람에게 적절히 표현하는가?
다) 그리기 재료의 특성을 이해하며 겨울 풍경을 창의적으로 표현하는가?

마. 확장활동

1) 유아들이 그린 그림을 제시하여 '겨울 풍경 그림 전시회' 놀이를 하면서 친구들이 그린 겨울의 다양한 모습을 감상해 보도록 격려한다.
2) 명화 감상 후 후속이야기 꾸미기 활동으로 확장할 수 있다. 이 때, 감상한 명화를 첫 장에 복사하여 주고 '나만의 겨울이야기' 책으로 만들어 볼 수 있도록 책 만들기 자료를 준비하여 이야기 꾸미기 활동을 격려할 수 있다.

제4장

교사의 역할

1. 계획자로서의 교사
2. 안내자로서의 교사
3. 촉진자로서의 교사
4. 환경의 제공자로서의 교사
5. 창의적 전문가로서의 교사
6. 평가자로서의 교사

누리과정에서의 유아 미술활동을 위해 교사는 탐색하기, 표현하기, 감상하기의 내용이 자연스럽게 순환, 통합되도록 활동을 계획하고 지도하여야 한다.

이를 위해 교사는 유아에게 적절한 시간, 공간, 자료를 제공해 주고, 결과보다는 자신의 생각과 느낌, 경험 등을 표현하거나 제작해 보는 과정을 중요시하며, 창의적인 아이디어가 표현될 수 있도록 격려한다. 또한 유아들끼리 서로의 작품을 감상하고, 그 느낌을 공유할 기회를 제공하고 서로의 작품을 인정하고 존중하도록 돕는다.

이러한 미술교사로서의 역할은 계획자로서의 교사, 안내자로서의 교사, 촉진자로서의 교사, 환경의 제공자로서의 교사, 창의적 전문가로서의 교사, 평가자로서의 교사로 구분할 수 있다(Schirrmacher, 1998; Cherry, 1999; Koster, 2001; 이숙재 외, 2002).

1. 계획자로서의 교사

유아의 발달 수준과 흥미 및 생활주제에 적합한 미술활동을 선정하여 계획안을 작성하며 각 미술활동별로 사전활동이나 지도방법, 확장활동에 대한 계획을 구체적으로 수립한다.

2. 안내자로서의 교사

유아가 심리적으로 안정된 분위기에서 자발적으로 미술활동에 참여하고 자유롭게 표현할 수 있도록 안내하는 역할을 하여야 한다. 모든 유아의 미술활동을 격려하고 수용하는 태도를 가져야 하며 유아 주도적으로 활동에 몰입하여 창의적인 표현 방법을 스스로 발견하도록 이끈다.

3. 촉진자로서의 교사

교사는 유아의 미술활동을 관찰하면서 필요에 따라 직접 참여하여 상호작용하면서 도와줄 수 있다. 교사는 시범을 보이면서 새로운 활동방안을 제안하기도 하고 적절한 질문을 통해 유아의 창의적인 사고와 표현을 유도한다.

4. 환경의 제공자로서의 교사

유아의 발달 단계에 맞추어 계획한 활동을 효과적으로 수행하기 위한 미술재료와 자료를 제공하며 적절한 용구의 선택과 사용방법을 이해시키고 도와주는 역할을 수행한다.

미술활동의 성격에 따라 실내작업이나 실외작업을 적절히 제공하며 놀이로서의 자유로운 표현활동이 이루어질 수 있도록 탁자나 의자의 높이, 그리고 충분한 작업공간을 제공한다.

5. 창의적 전문가로서의 교사

교사는 미술교육에 대한 전문성과 감각, 유아 미술발달에 대한 이해와 지도 경험을 필수적으로 갖추어야 한다. 또한 교사 스스로가 창의적이고 독창적이어야 하며 유아의 창의적 사고를 격려할 수 있는 창의적인 모델이 되어야 한다.

6. 평가자로서의 교사

유아의 발달이나 진보를 확인하기 위해 유아가 그린 그림이나 조형물을 체계적으로 수집하고 평가하는 역할을 수행한다.

제5장

유아의 미술활동을 위한 환경구성

1. 실내 미술 영역
2. 실외 미술 영역
3. 작품 전시 및 정리보관

유아들은 미술활동을 통해 자신의 느낌과 기분을 표현하고 정서적 긴장감을 해소할 수 있다. 따라서 유아들이 좀 더 안정감을 갖고 즐겁게 창작표현 활동을 할 수 있도록 활동 영역을 구분하되 통합적인 활동이 이루어질 수 있도록 다른 영역과의 관련성을 고려하여야 한다.

매우 다양한 미술활동이 이루어지는 영역이므로 소음이 있을 수도 있어 조용한 영역과는 떨어진 곳에 배치하며, 물을 많이 사용하게 되므로 수도 시설과 가까우면서 바닥면에 물감이 떨어져도 쉽게 닦을 수 있는 재질(타일, 모노륨)로 되어 있는 밝은 장소가 좋다.

미술활동은 실내에서 주로 이루어지지만 날씨가 따듯한 날은 실외에서 작업을 할 수 있도록 책상과 의자, 화판, 이젤 등을 설치해 준다.

1. 실내 미술 영역

실내 미술 영역은 유아들이 자유롭게 탐색하며 창의적으로 표현하고 감상하는 데 불편함이 없도록 구성되어야 한다.

가. 기본 설비

유아의 미술활동을 위해서 기본적으로 작업용 책상, 자료정리장, 이젤, 게시판 및 전시대, 작품 건조대, 작업복 및 옷걸이, 작품 보관장, 그리고 물을 닦을 수 있는 걸레나 스펀지, 책상이나 주변을 정리할 수 있는 청소 도구를 준비한다.

1) 작업용 책상

작업용 책상은 유아의 신체조건, 인원수, 교실의 조건 등을 고려하여 크기와 개수를 결정한다. 대개 8~10명이 앉을 수 있는 것으로 준비하여 비닐을 덮어 책상의 손상을 막도록 한다. 어린 유아들은 바닥에 앉아서 작업하는 것이 안정적이므로 낮은 책상을 준비한다.

공간이 좁을 경우 다리를 접었다 폈다 할 수 있도록 하는 것도 좋다. 책상은 원, 반원, 직사각형의 일반 책상과 교사가 중심에 앉아 여러 아이들을 지도할 수 있는 반원형 책상을 사용한다.

작업용 책상은 유아의 안전과 위생을 고려하여 모서리가 둥글게 처리되어야 하며 표면은 닦을 수 있는 재질로 만들어진 것이 적절하다. 책상에 비닐을 덮어 사용하면 책상의 손상을 막을 수 있다. 실외에 작업용 책상을 마련해 줄 때는 물 세척이 가능하며 기온 변화에 내구성이 강한 재질을 선택하도록 한다.

2) 자료 준비장

자료 정리장은 바퀴가 부착되어 이동이 가능해야 하나 이동 후 정리장이 밀리지 않도록 바퀴 잠금 장치가 되어 있어야 한다. 정리장의 높이는 유아의 앉은 눈높이에 맞추어서 제작하며(65~93cm) 다양한 크기의 자료를 보관할 수 있도록 선반의 높이를 조정할 수 있는 형태가 좋다(교육부, 1994).

작업을 위해 필요한 종이류, 접착제류, 채색 도구 등의 기본적인 미술 자료와 도구, 그리고 다양한 폐품 등은 종류별로 분류해서 정리할 수 있도록 그림이나 글씨로 자리 표시를 해 준다.

낮은 책상 겸 색종이 정리장

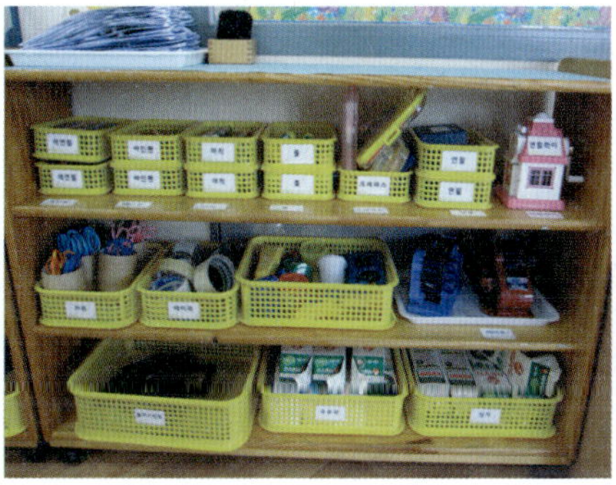

3) 이젤

작업용 이젤은 견고하고 높이가 적절해야 하며 물감이나 붓 등의 미술 자료를 놓고 사용할 선반이 부착되어 있는 것이 좋다. 물로 세척하기 쉽도록 이젤 위에 비닐을 씌운다.

이젤을 설치하는 장소로는 유아들의 왕래가 적고 조용한 곳이 적절하며, 물을 사용하기 쉽도록 물 가까이에 배치한다.

작업용 이젤 : 집게를 이용해 이젤의 4면에 종이를 붙이고 그린다.

전시용 이젤

나. 자료 및 작업도구

유아들의 미술활동을 위한 자료는 매우 다양하고 광범위하여 어떤 자료든지 유아의 관심과 필요에 따라 사용될 수 있다. 따라서 교사는 유아들이 자신의 경험을 창의적으로 표현할 수 있도록 위생적이고 안전하고 경제적인 다양한 자료를 충분히 제공해야 할 것이다.

1) 종이류

미술활동 자료 중 가장 기본적인 자료가 종이이다. 미술활동을 유도하기 위한 종이 종류로는 한지, 색종이, 도화지, 갱지, 색지, 골판지, 하드보드지, 셀로판지, 화방지, 컴퓨터용지, 모조지 등과 함께 신문지, 잡지, 선물 포장지, 소포 포장지 등을 제공하여 재활용하게 한다.

종이의 선택은 아동의 연령과 활동의 주제 및 종류에 따라 종이의 종류, 질감, 크기, 색상, 모양 등이 적절하게 선택되어져야 한다.

일상적으로 사용하는 사각형의 종이 모양 이외에 원 · 세모 · 별 모양 · 꽃 모양 · 자동차 모양 등 여러 형태의 종이를 제공하는 것이 효과적이다.

나이가 어릴수록 넓은 범위에서 활동할 수 있도록 큰 종이를 제공하나 바탕을 칠해야 할 때는 넓은 바탕을 칠하는 데서 오는 노고와 심리적 부담에서 벗어날 수 있도록 16절지 종이부터 제공하는 것이 좋다.

종이에 그림을 그릴 때는 딱딱한 책상에 대고 그리는 것보다 밑받침 종이를 대고 그려야 크레파스를 사용하기가 수월하므로 신문지나 깔판을 준비한다.

2) 그리기 및 칠하기 자료

가) 크레파스

아동이 잡기에 편한 크기로 잘 부러지지 않는 무독성 크레파스를 준비해 준다. 그리고 크레파스 제공 시 너무 많은 색을 제공해 주기보다는 기본색과 2차색 등 6~7가지 색을 준비해 주어 색의 혼합 등을 경험해 보게 한다. 3세 유아들은 굵은 크레파스를 사용하며 소유욕이 강하므로 개인 크레파스를 준비해 주어야 다툼이 일어나지 않는다. 4~5세 유아들은 색깔별로 작은 바구니나 우유팩 등의 용기에 담아 주어 서로 필요한 색을 나눠 쓸 수 있게 한다. 크레파스 고유의 색을 경험하기 위해서는 휴지로 크레파스를 깨끗이 닦아 주어야 한다.

나) 파스텔

파스텔로 선을 그린 후 손가락이나 솜으로 문질러 파스텔 특유의 부드러운 색상과 분위기를 느낄 수 있다. 작업이 끝나면 묻어나지 않도록 고착제(workable fixatif)를 뿌린다.

파스텔은 망을 이용해 가루를 낸 후 작업할 수도 있다.

다) 색연필 · 연필 · 볼펜

연필과 똑같이 생겨서 쥐는데 어려움이 없고 지우개로 어느 정도 수정이 가능해 채색을 위해서 가장 편리한 화구이다. 유아들이 사용하는 뭉뚝한 일반 색연필과 전문가들이 사용하는 색연필, 유성 색연필과 수채 색연필로 나눌 수 있다.

일반색연필은 색을 덧칠한 후에 다른 색을 그 위에 덧칠하면 색이 명확하게 칠해지지 않지만 전문가용은 덧칠이 잘되 명도와 채도를 더욱 명확하게 나타낼 수 있다.

수채 색연필은 칠한 다음 물을 바르면 수채화 물감처럼 번지는 연필이다.

3) 물감

물감은 가루 템페라, 수채화물감, 유화물감, 아크릴물감, 동양화물감, 포스터칼라, 불어펜, 먹물, 마블링물감 등 다양하므로 다양한 경험을 제공하기 위하여 액체와 가루 등 다양한 재료를 고루 제공해 준다.

색상은 기본 색상을 먼저 제공하고 충분히 탐색한 후 스스로 기본색을 섞어 2차색을 만들어 본 후 서서히 다양한 색을 제공해 준다. 초기에는 흘러내리지 않을 만큼 농도를 진하게 해 준다. 유아반은 쓰러져도 쏟아지지 않는 물감통을 준비해주고 유치반은 팔레트용 접시를 제공한다.

유아들이 처음 사용하는 붓은 큰붓(12~18호)이 좋으나 익숙해지면 가는 붓, 짧은 붓, 납작한 붓 등 다양한 종류를 제공하는 것도 효과적이다. 붓으로 여러 가지 물감을 사용하지 않도록 붓자루에 색깔 테이프로 표시를 붙여 준다. 붓은 매일 깨끗이 씻어 물기를 털은 후 붓털이 위로 향하게 꽂아 둔다.

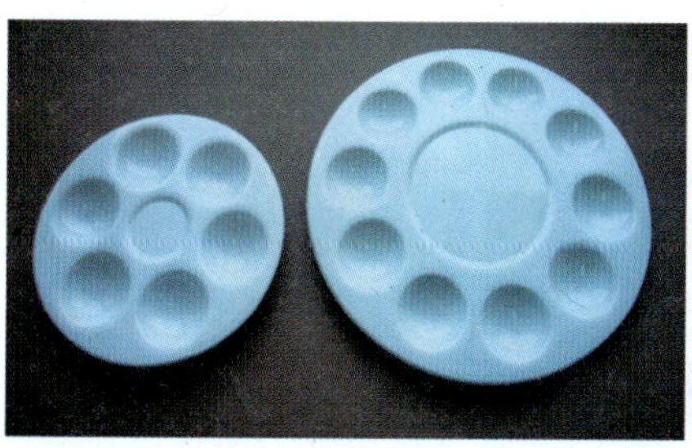

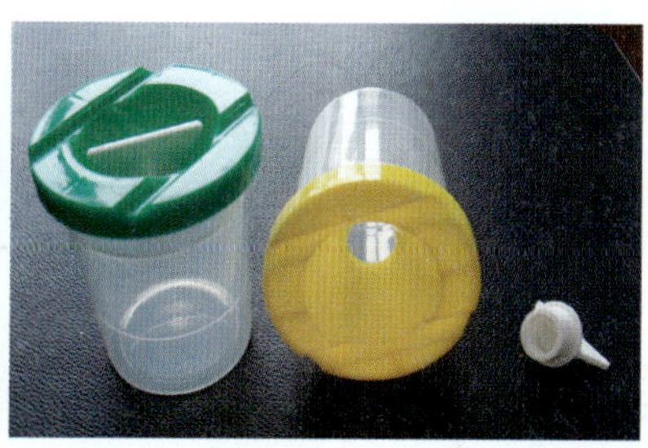

가) 수채화 물감

투명하고 맑은 느낌을 표현하는데 사용한다.

나) 아크릴 물감

물을 보조제로 사용하므로 유화물감에 비해 사용이 간편하고 내구성이 강하며 수채화 물감보다도 빨리 말라 사용이 간편하다.

아크릴 물감을 사용한 붓을 즉시 세척한 후 보관해야 붓이 상하지 않는다.

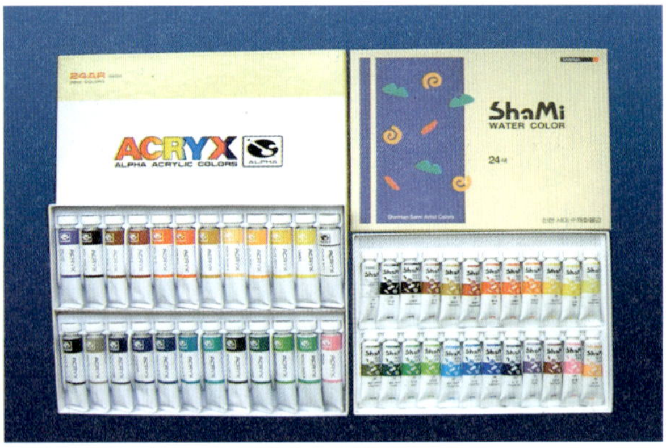

아크릴 물감　　　　수채화 물감

다) 스티커 물감(글라스데코)

다양한 색상의 목공본드 성분으로 만들어진 물감이다. 그림을 그린 후 말려서 유리창에 붙이면 스티커처럼 붙는다. 스테인드글라스 효과가 있다.

라) 불어펜

도화지 위에 스텐실용 그림(형태를 파낸 그림)을 올려 놓고 입으로 불어 물감을 뿜어 낸다.

안개그림과 같은 효과를 볼 수 있다.

마) 템페라 물감

어린이 전용 물감으로 녹말 바인더를 사용해서 피부에 안전하다.

일반색과 형광색 등 다양한 색상이 있다.

핑거페인팅, 스텐실, 공예용으로 사용한다.

바) 마블링 물감

물 표면의 움직임에 따라 변하는 유연한 무늬를 종이 위에 흡착시키는 방법이다.

물 위에 마블링 물감을 떨어뜨리고 막대로 저은 다음 종이를 물 위에 덮어 물감이 묻어나게 하면 대리석 문양이 나타난다.

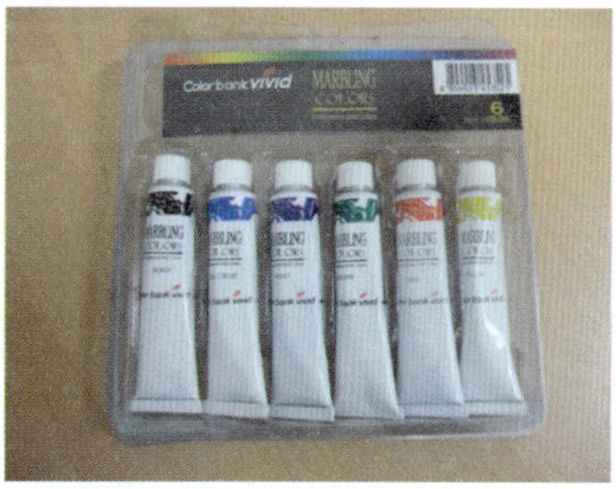

4) 콜라주(collage) 자료

콜라주란 붙여 바르기란 말로 생활주변에서 쉽게 구할 수 있는 헝겊, 실, 나뭇잎, 다양한 씨앗과 곡식, 종이, 금속, 털실, 단추들 여러 가지 이질적인 재료를 자유롭게 선택하여 조형 표현의 소재로 붙이는 것으로 새로운 시각공간을 만들 수 있다.

5) 가위

아동용 가위는 끝이 날카롭지 않고 뭉툭한 것이 안전하다. 손잡이는 아동의 손 크기에 맞아야 하며 가위를 사용할 때는 엄지와 중지를 손잡이에 끼우고 검지로 받쳐 주어야 한다. 검지는 가위질을 하기보다 따라다니는 느낌으로 받쳐 준다. 엄지와 중지를 사용할 때 가위질이 더 안정되고 통제가 잘 된다. 또한 너무 잘 드는 가위는 손을 베일 위험이 있으므로 종이가 잘 오려질 정도의 가위가 좋다.

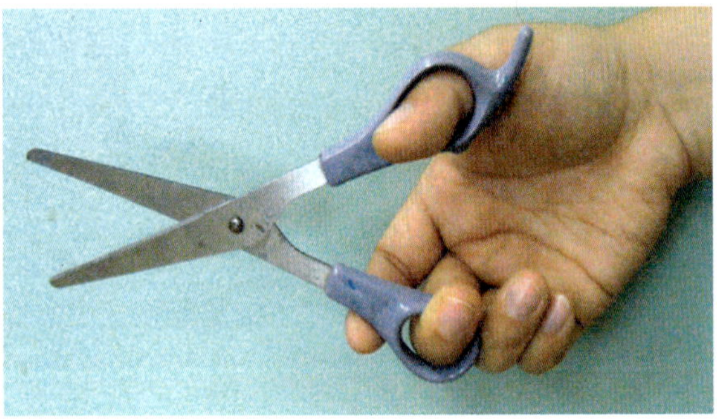

가위는 눈과 손의 협응력과 소근육 발달이 이루어져야 하므로 가위를 제공하기 전에 종이 구기기와 종이 찢기 등을 연습해 보고 바르게 가위 잡는 방법을 시범으로 보여준 후 가위로 식빵이나 점토 자르기, 빨대 자르기, 선 따라 오리기(1×1cm 선, 1×3cm 선, 직선, 곡선 등) 등의 충분한 연습을 하도록 한다.

교사는 가위 사용 시 주의해야 할 규칙을 아동에게 이야기해 준다(가위를 다른 사람에게 건네줄 때에는 날카로운 쪽을 자기편으로, 손잡이를 상대편으로 가도록 하기, 종이를 자를 때만 가위 사용하기, 사용 후 가위꽂이에 보관하기 등).

직선으로 자르는 가위 외에 무늬를 만들어 내는 핑킹가위가 있다.

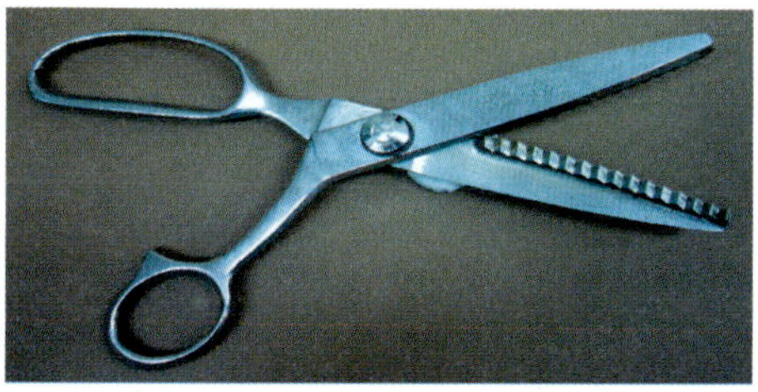

6) 접착제 및 접착도구

여러 가지 자료를 붙이기 위해서는 풀, 본드, 투명 테이프, 스테이플러(stapler) 등이 사용되는데 붙이는 자료에 따라 적절한 접착제와 접착 도구가 제공되어야 한다.

가) 접착제

- 스프레이 형 접착제 – 임시 고정용 접착제, 조립 전 일시적인 고정에 유용
- 물풀, 딱풀, 밀가루풀 – 가벼운 종이류 접착
- CR접착제(Chloroprene Rubber: 일명 오공본드 · 돼지본드) – 하드보드지, 곡식, 헝겊
- 스티로폼 본드 – 수수깡과 스티로폼 접착 본드를 사용할 때는 적정량의 본드를 덜어서 사용하도록 접시와 아이스크림 막대를 준비한다.
- 순간 강력접착제

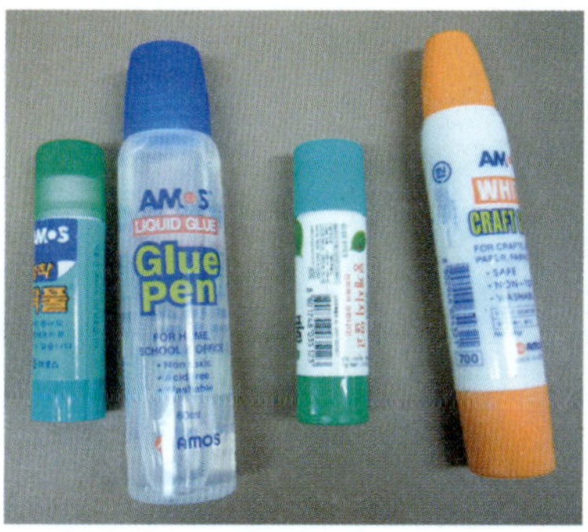

딱풀 · 물풀 · 임시고정용 딱풀 · 목공풀

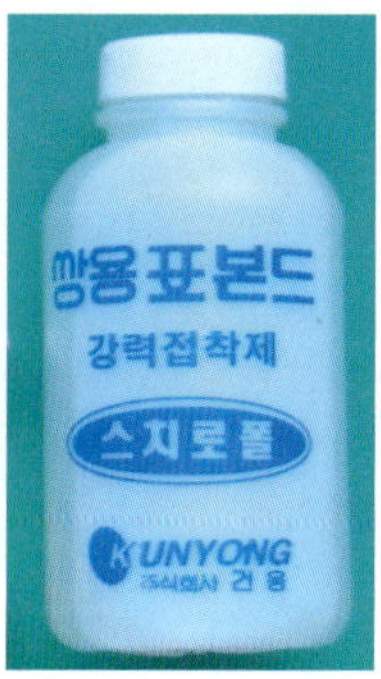

스티로폴본드

본드

나) 접착도구

① 점착테이프

셀로판이나 직물 · 종이 · 폴리염화비닐(PVC) · 폴리에스터 등 위에 점착제(粘着劑)가 칠해져 있는 테이프이다.

- 셀로판테이프(박스테이프) – 손가락으로 누를 정도의 가벼운 압력으로도 부착할 수 있고, 떼어 낼 때에는 깨끗이 떼어져서 사용하기가 간편하여 사무용 · 포장용으로 많이 사용한다.
- OPP 칼라비닐테이프(박스테이프) – 투명 OPP 필름에 원하는 칼라로 인쇄하여 칼라를 만든 후 점착제를 칠한 것으로 택배 박스 포장에 사용한다.
- 마스킹테이프(종이테이프) – 벗기기 쉬운 접착테이프로 칠의 경계선을 깨끗하게 마감하기 위해 사용하며 간단한 포장용으로 사용한다. 손으로도 쉽게 찢어져 유아들이 공작 및 종이접기에 사용한다.
- 비닐테이프(전기절연테이프) – 비닐테이프는 절연성이 높아 단자(端子)의 피복용으로 다양한 폭과 색으로 시판되고 있다. 폭이 넓은 비닐테이프는 안전통로의 라인을 치기 위하여 사용하는 경우도 있다.
- 양면테이프 – 테이프의 안팎에 접착제가 칠해져 있다.
- 꽃테이프 – 조화를 만들 때 꽃철사를 감을 때 사용한다.
- 형광 · 은박지 · 청테이프

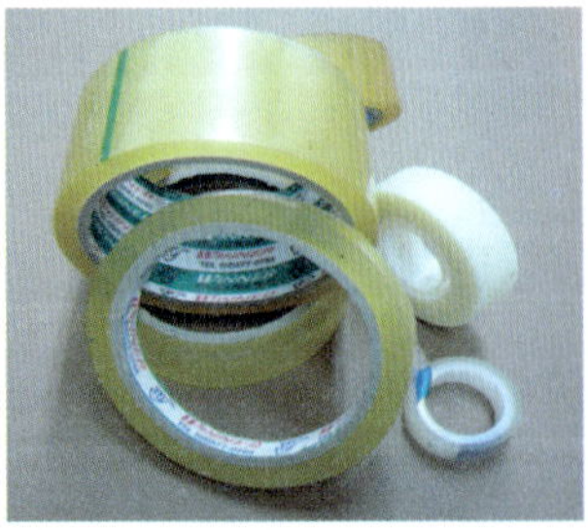

셀로판테이프

OPP 칼라 비닐테이프

마스킹테이프

전기절연테이프

형광 · 은박지 · 청테이프

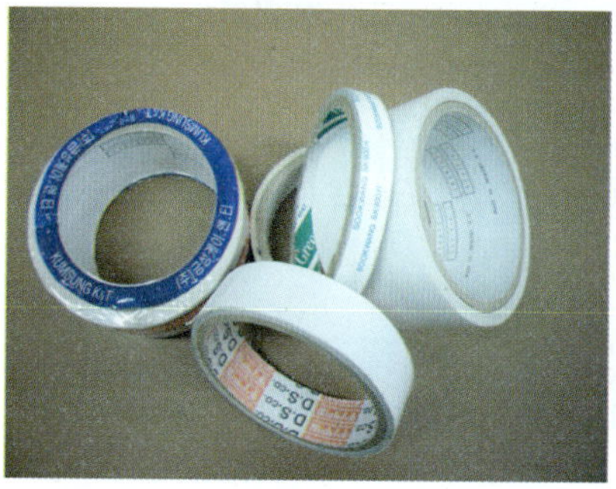

양면테이프

꽃테이프

② 테이프 커터기

테이프 케이스에 자르는 날이 부착되어 있는 경우, 유아가 테이프를 자르면서 손을 다칠 우려가 있으므로 주의시킨다.

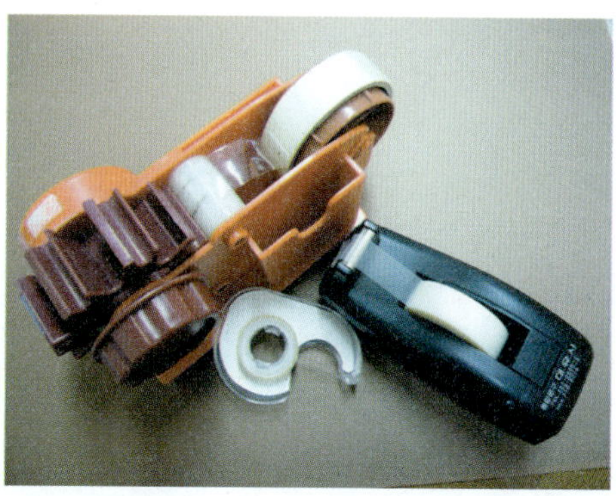

③ 스테이플러

힘주어 누르는 방법 등을 설명한 후 사용하도록 한다. 그러나 너무 어린 아동은 교사가 찍어 주어야 안전하다. 주로 종이나 헝겊을 모아서 겹쳐 누를 때 사용한다.

7) 펀치

가) 일반 펀치

종이에 구멍을 뚫을 때 사용한다.

송곳펀치

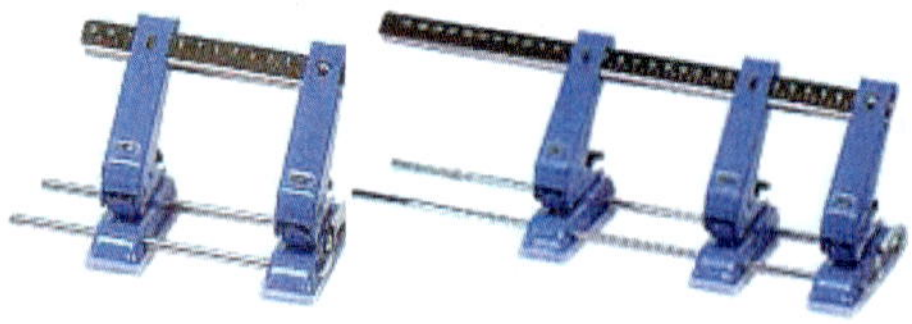

일반펀치(이공, 삼공)

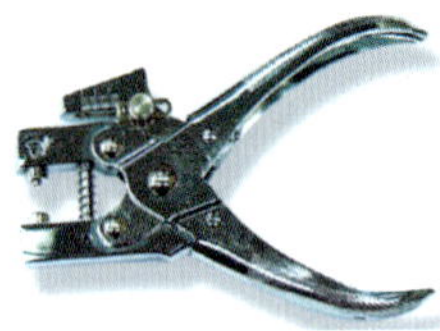

아일렛펀치

나) 모양 펀치 · 모양 커팅기

여러 가지 모양(예 꽃, 별, 동물)을 찍어 낼 때 사용한다.

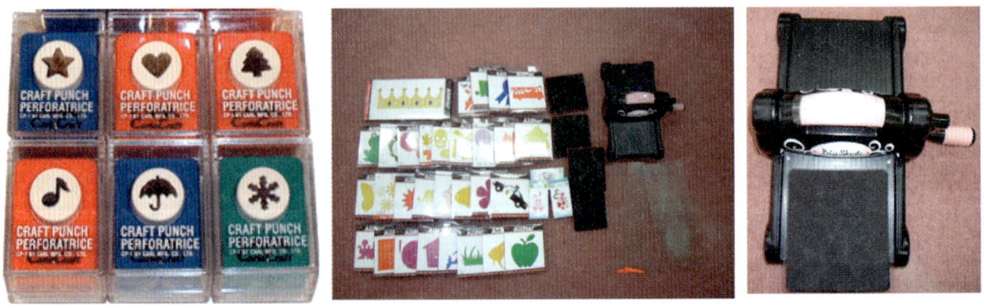

눌러서 사용하는 펀치와 손잡이를 돌려서 모양을 만드는 커팅기

8) 점토

유아가 직접 손으로 조작하면서 원하는 여러 가지 모양을 쉽게 만들 수 있는 유연한 물질로 구성물 만들기에 가장 유용한 자료로서, 스트레스가 적고 긴장을 해소시켜 주며, 입체감과 상상력을 길러 주고 대 · 소근육을 발달시켜 주는 유용한 재료이다.

가) 점토의 종류 및 관리

점토는 만들어지는 재료에 따라 밀가루 반죽 · 진흙점토 · 놀이용 점토(칼라클레이 · 천사점토 · play dough) · 종이 점토 · 지점토 등이 있으며 상품화되어 있어 쉽게 구입할 수 있다. 점토를 보관할 때에는 단단하게 뭉쳐서 뚜껑이 잘 닫히는 플라스틱 용기에 담아 둔다.

나) 점토 작업도구

점토판 · 가위 · 밀대 · 플라스틱 빵칼 · 모양 틀 등의 도구와 그 밖의 필요한 여러 가지 자료(빨대 · 이쑤시개 · 단추 · 모루 등)를 함께 준비해 주도록 한다.

9) 찍기 도구

찍기 활동을 위해서는 다양한 찍기를 할 수 있는 도구 및 실물자료와 물감 접시를 준비해 준다. 물감은 쏟아지지 않도록 낮은 접시에 패드(예 부직포, 솜, 스폰지)를 깔고 물감을 풀어 놓는다. 작업 도중이나 마무리할 때 물감을 닦을 수 있는 헝겊을 준비한다.

상품화된 모양 틀, 제과용 틀, 다양한 크기와 모양의 뚜껑, 플라스틱 블록, 스펀지, 실패, 열쇠, 칫솔, 고무도장, 페인트 롤러, 나무열매, 나뭇잎, 과일, 야채, 다양한 간격의 그물망 등 다양한 자료를 제공해 줄 수 있다.

가) 도장

상품화된 다양한 문양의 도장, 모루도장, 야채도장을 사용한다.

전통문양 도장과 물감패드

나) 롤러

다양한 무늬의 롤러와 물감패드를 준비하며 롤러 찍기를 할 때는 롤러의 올바른 방법을 설명해 준다(힘주기, 방향, 물감의 양 조절하기 등).

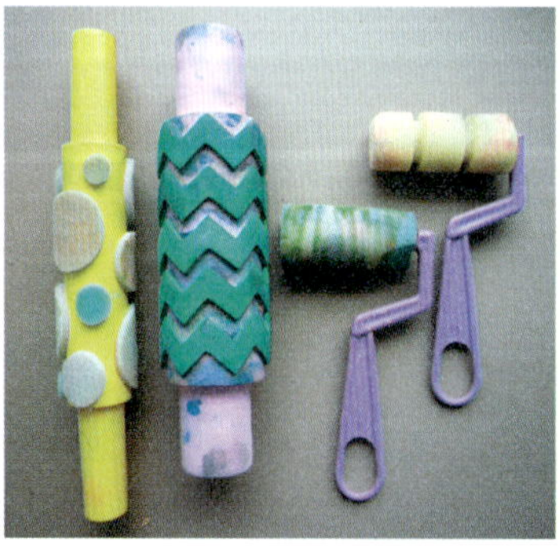

롤러와 물감패드

① 롤러 만들기

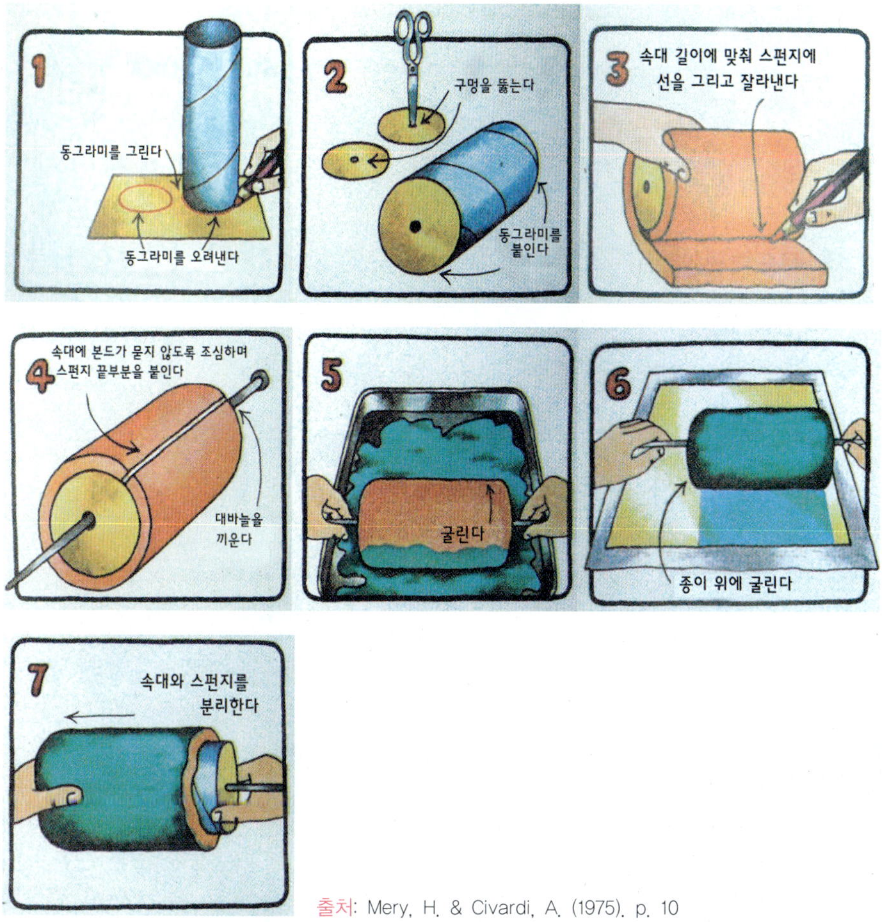

출처: Mery, H. & Civardi, A. (1975). p. 10

② 롤러 무늬 만들기

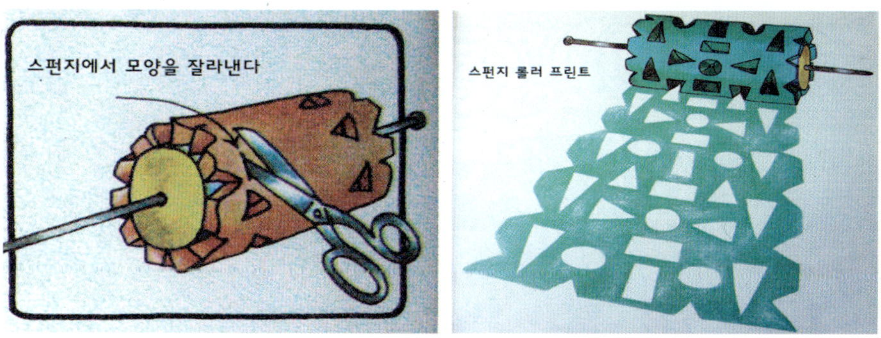

출처: Amery, H & Civardi, A (1975). p. 10

다) 판화

① 고무판

유아들에게는 조각칼 사용이 위험하므로 교사가 미리 파 놓는다.

② 우드락판

볼펜 끝으로 우드락판을 눌러서 찍을 그림을 그린다.

③ 종이판

두꺼운 도화지나 하드보드지에 모양을 오려 붙인다.

고무판화용

종이판화용

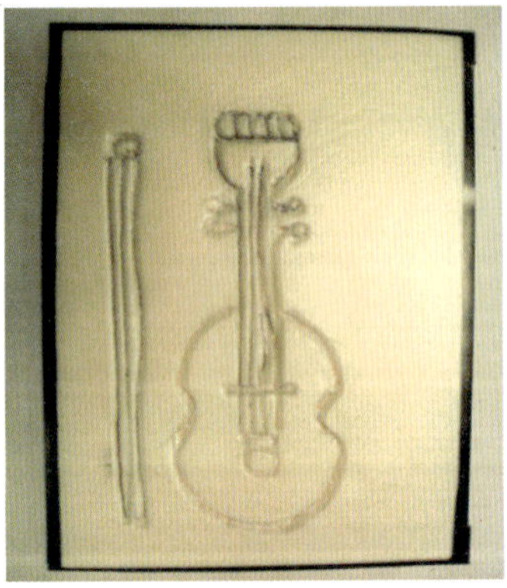
우드락탁본용

10) 직조용 도구

세로로 놓인 날실 사이로 가로 방향의 씨실을 한 칸 건너씩 끼워 짜는 기법으로 직조틀을 이용하거나 직조하기에 편리한 도구를 만들어 제공할 수 있다.

가) 직조기

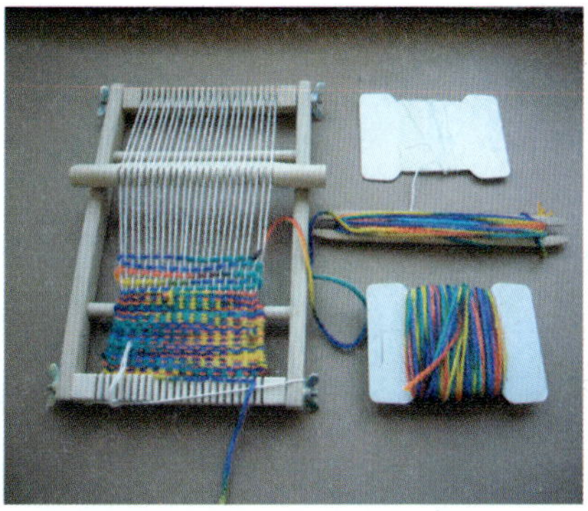

나) 종이 직조

종이 띠를 떼어 내 직조 바늘에 끼워 넣은 후 그림의 세로줄(씨실) 사이로 바늘에 끼운 종이 띠(날실)를 끼운 바늘을 한 칸 씩 건너 끼워 지그재그로 짠다.

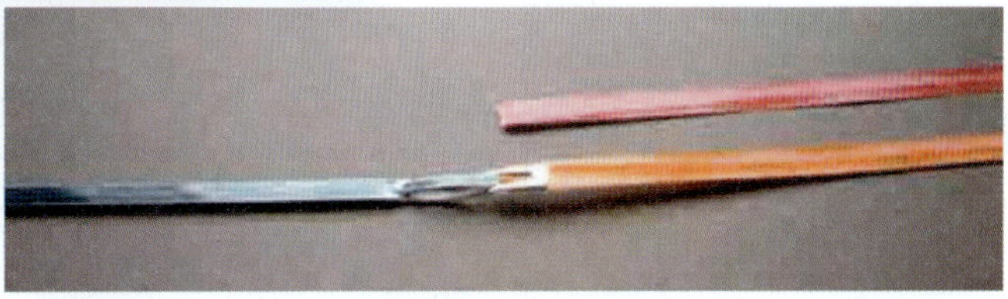

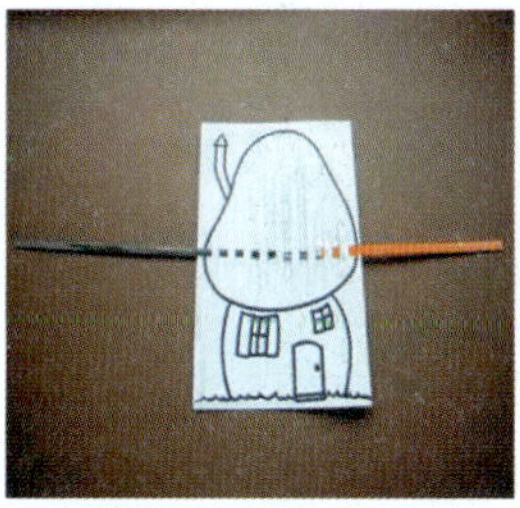

다) 직조용 끈이나 리본테이프

유아가 쉽게 끼울 수 있는 자료를 준비하는 것이 좋다. 빳빳한 천, 비닐이나 가죽, 리본끈, 또는 종이끈을 준비한다. 끈은 직조틀보다 길게 자르며 양끝을 테이프로 빳빳하게 붙여서 끼우기 쉽게 한다. 직조에 익숙해지면 모루, 털실, 깃털, 마른 풀, 갈대 등을 장식용 자료로 제공한다.

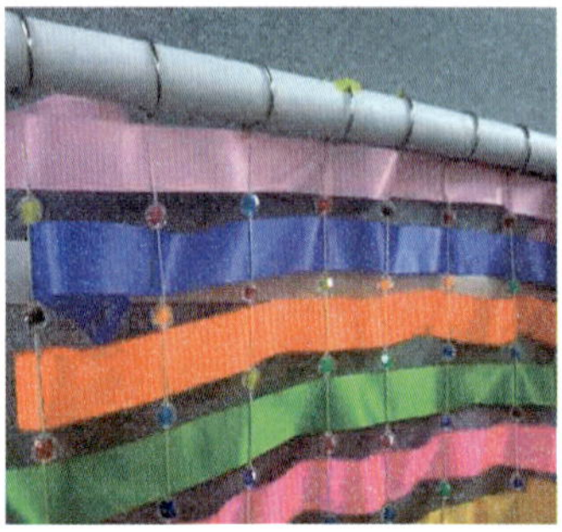

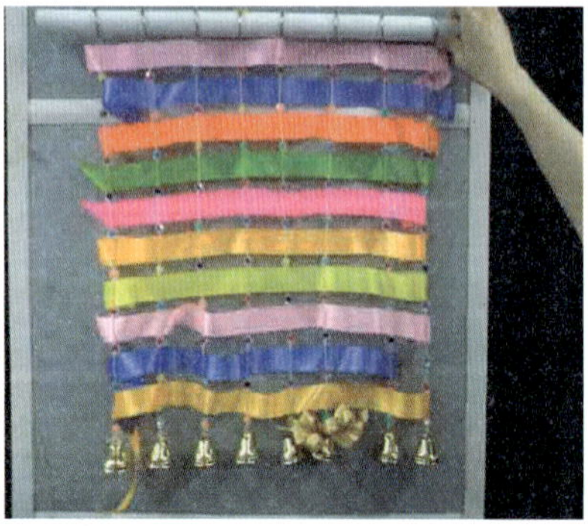

실에 구슬을 끼우고 밑에 무게감 있는 종을 달은 후 고리를 달아 비닐 속대에 끼운다(날줄).
리본테이프(씨줄)를 날줄에 끼운다.
아래 있는 구슬을 하나 올린 후 다음 씨줄을 넣는다.
실의 굵기는 구슬의 굵기보다 약간 더 굵어야 흘러내리지 않는다.

11) 바느질 도구

처음에는 천에 바느질하기가 어려우므로 스티로폼 접시나 부직포에 바늘구멍을 내어 준다. 바느질의 기본 기술이 익혀지면, 올이 성근 망사나 그물, 레이스, 삼베 등을 준비해 주고 나중에 천을 제공한다.

구멍 뚫린 스티로폼 접시나 부직포에는 투명 테이프를 감은 끈으로 바느질할 수 있다. 바늘이 필요한 경우에는 유아의 안전을 위해 돗바늘을 준비하며, 돗바늘에는 털실이나 면실을 끼워 매듭지어 놓는다. 그리고 바느질할 때 함께 끼워 볼 수 있는 단추, 구슬, 빨대 자른 것 등을 제공해 준다.

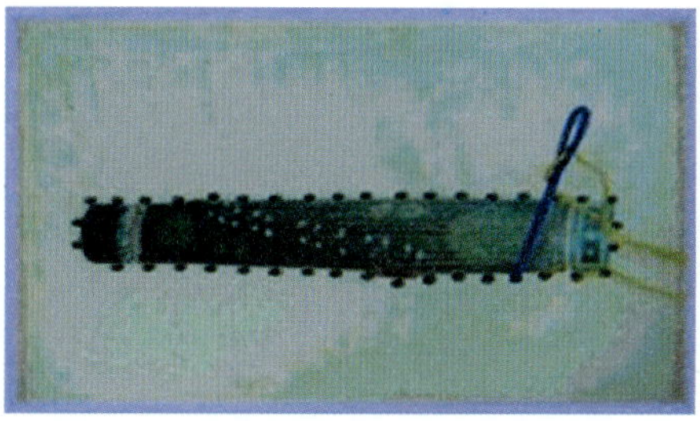

12) 폐품류

미술 자료로 활용되는 폐품으로는 일상용품, 천 조각, 건축 자료, 자연물 등으로 분류할 수 있으며 찍기, 콜라주, 구성하기 등의 미술활동에 사용된다.

유아를 위한 미술활동에 활용될 수 있는 자료 및 도구를 세분화시켜 도구화하면 다음의 표와 같다(Church, et, al., 1991; 교육부, 1999).

활동 유형	유아의 연령에 적절한 미술 자료 및 도구
그림 그리기	-3세 : 크레파스, 색연필, 도화지, 모래 종이, 벽지 샘플, 하드보드지 -4세 : 수성 매직펜, 색분필, 물로 지울 수 있는 분장 도구 -5세 : 유성 사인펜, 유성 매직펜, 목탄, 볼펜, 파스텔, 나무판, 아세테이트지
물감 칠하기	-3세 : 수성 물감, 핑거페인팅, 면도용 크림, 손잡이가 짧은 붓, 스펀지, 마분지, 돌멩이, 상자, 종이봉투, 골판지 -4·5세 : 유성 물감, 아크릴 유화, 나무에 그림을 그릴 수 있는 유액(라덱스),

	페인트 롤러, 빗, 솔잎, 스프레이, 다양한 붓, 나무조각, 화선지, 알루미늄 호일, 종이 접시, 아크릴판, 기름종이
찍 기	–3세 : 제과용 틀, 다양한 병뚜껑, 고무로 제작된 블록, 스펀지, 실패, 야채, 과일, 마분지, 신문지 –4 · 5세 : 골판지, 열쇠, 수세미, 고무도장, 지우개, 퍼즐조각, 플라스틱 바구니, 헤어롤, 운동화 밑창, 종이봉투, 벽지, 포장지
콜라주	–3세 : 밀가루 풀, 중독성 없는 접착 본드, 마분지, 골판지, 셀로판지, 휴지, 털실, 실, 리본, 비닐, 천(면, 울, 삼베, 벨벳 등), 레이스, 인조털, 가위 –4 · 5세 : 공업용 접착제, 투명 테이프, 단추, 자연물(씨앗, 솔방울, 조개, 모래, 나무껍질, 나뭇잎, 잡초, 대팻밥, 톱밥 등), 병뚜껑, 코르크, 색솜, 이쑤시개, 빨대, 종이냅킨, 구슬, 펀치
직 조	–4세 : 바구니 석쇠, 리본끈, 비닐끈 –5세 : 원형 직조틀, 철망 울타리, 모루, 깃털, 갈대
바느질	–4세 : 스티로폼 접시, 부직포, 리본끈 –5세 : 그물, 망사, 레이스, 삼베, 돗바늘, 단추, 구슬, 빨대 자른 것
폐 품	–3세 : 우유팩, 요구르트 용기, 각종 상자, 종이컵, 아이스크림 막대, 빨대, 휴지 속대, 필름통, 광고지, 신문, 나뭇잎, 도토리, 조개껍데기, 스티로폼 접시 –4 · 5세 : 플라스틱 페트병, 빵줄, 단추, 구슬, 실패, 펠트 천, 비닐, 레이스, 나무조각, 타일조각, 못, 나사, 대팻밥, 씨앗, 곡식
감상 자료	–3세 : 그림 작품, 조각품, 공예품, 그림책, 의상, 나무, 꽃, 풍경 –4 · 5세 : 건축물, 판화, 서예, 사진 작품, 그래픽 디자인, 자동차
시청각 기기	–4세 : OHP, 슬라이드 –5세 : 카메라, 컴퓨터

2. 실외 미술 영역

실외는 활동 공간이 넓어서 유아가 자유롭게 활동할 수 있으며 자연 환경을 이용한 미술활동이 가능하기 때문에 실내 미술활동보다 더 흥미로울 수 있다. 실외 놀이 공간에 미술활동 영역을 조성할 때 다음의 사항을 고려해야 한다(Frost, 1992; Isenberg & Jalongo, 2001).

① 그리기와 칠하기 활동을 위해 유아들의 통행이 적은 곳에 이젤을 세워 놓거나 벽걸이식 이젤을 설치한다.

② 때로는 바닥이 그리기와 칠하기 공간으로 활용되는 경우가 있으므로 편편하고 단단한 바닥을 확보해 놓는다.

③ 그늘진 곳에 찰흙 놀이, 핑거 페인팅, 입체 구성물 만들기 등의 미술활동을 할 수 있도록 작업용 책상을 비치한다.

④ 기본적인 미술 자료와 비품은 실외 창고에 보관해 놓고 필요한 경우 꺼내어 사용하도록 한다.

⑤ 다양한 폐품이나 블록 등 입체 구성물 자료를 준비해 준다. 실내에서 다루기 어려운 목공 작업대에 목공 자료를 제공해 줄 수도 있다.

⑥ 모래나 물이 미술 자료로 활용되므로 모래놀이 영역이나 물놀이 영역이 미술활동 영역으로 이용될 수 있다.

⑦ 실외에서 작업이 끝난 후 청소를 하기 위해 청소 도구를 실외 창고에 비치한다. 가능하면 손도 밖에서 씻고 들어가도록 수돗가에 비누와 수건(또는 종이 타월)을 충분히 준비해 놓는다.

3. 작품전시 및 정리보관

가. 작품전시

유아의 작품을 전시하기 위해서는 다양한 형태의 게시판이나 전시대를 사용할 수 있다. 벽에 부착되는 기본 게시판 이외에 교구장이나 책꽂이 뒷면, 칸막이, 이젤, 헝겊으로 만든 벽걸이 등이 활용될 수 있으며, 공중전화 박스 형태의 게시판(kiosk)을 설치할 수 있다.

유아들은 전시된 자신의 작품을 보며 자긍심을 갖게 되며 전시된 다른 유아들의 작품을 통해 미적 감각과 표현력이 발달될 수 있다.

작품을 게시할 때는 유아들의 작품이 골고루 전시될 수 있도록 배려해야 하며, 공간이 한정될 경우에는 유아들에게 양해를 얻은 후 몇 회로 나누어 순번제로 전시해 준다.

게시판을 벽면에 부착시킬 때는 바닥으로부터 20~30㎝ 간격을 두고 붙이고 유아들의 눈높이를 고려하여 게시판의 윗면 가장자리가 바닥으로부터 150㎝가 넘지 않도록 한다.

게시판에 전시할 때는 유아들의 작품을 모아 교사가 일괄적으로 부착하는 경우가 많으나 기본적인 틀을 교사가 만들어 주고 유아들이 자신의 작품을 붙이고 싶은 곳에 직접 전시할 수 있도록 도와야 한다. 예를 들면 교사가 수박 밭에 넝쿨을 만들어 두고 유아들이 만든 수박을 원하는 자리에 부착시키는 것이다.

바다 위에 낚싯배를 만들고 유아들이 만든 물고기를 붙인다.

흥부 박타는 모습을 만들고 박에서 나오는 보석(다이아몬드)를 만든다. 보석은 그림을 교체할 수 있게 만든다.
박 속에서 무엇이 나올지 생각하게 한 후 그림을 그려 끼운 후 본인이 원하는 자리에 붙인다.

가을을 보여주는 허수아비와 해바라기 꽃을 붙이고 전깃줄을 매달아 준다.
유아들은 빨래집게에 수수깡과 모루, 지끈을 이용해 잠자리를 만들어 전깃줄에 직접 매달게 한다.

작품의 주제나 형태에 따라 다양한 방법으로 전시할 수 있다. 예를 들어 평면적 작품은 벽면을 사용해서 붙이거나 천정에 매달 수 있으며, 입체적 작품은 책상 위 또는 바닥 등을 활용할 수 있다. 실외 놀이 공간 또한 미술 작품 전시장으로 훌륭하다. 울타리나, 철조망 또는 커다란 나뭇가지 전시장의 역할을 할 수 있다. 바람에 게시물이 떨어지지 않도록 주의하며 조형물의 경우 쓰러지지 않도록 잘 고정시켜 놓는다.

벽면에 전시하기

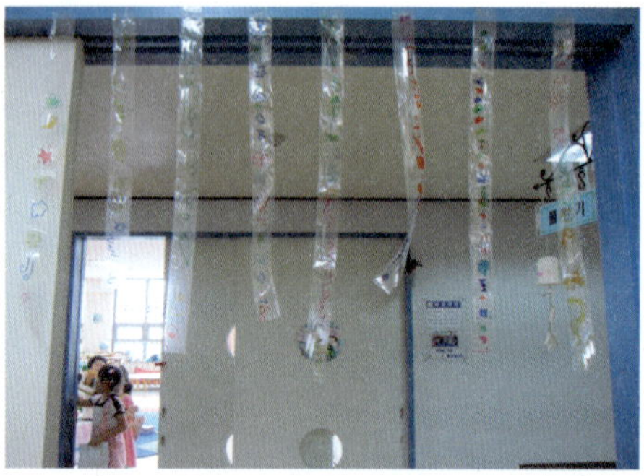

모빌 형식으로 전시하기

책꽂이 뒷면에 게시하기

헝겊으로 만든 벽걸이에 전기하기

나. 정리보관

미술활동의 결과물을 유아 스스로 정리 · 보관하는 경험을 통해 자신의 물건을 스스로 정리하며, 자신의 작품을 소중히 여기는 습관을 기를 수 있다. 따라서 매일 작품은 집으로 가져가도록 하는 것보다는 유아들의 작품을 한곳에 모아 두었다가 함께 정리할 기회를 갖는 것이 더 바람직하다.

유아들의 평면 작품은 개인장에 넣어 모으고, 입체 작품은 1~2주 정도 전시한 후 주말에 집으로 가져가도록 한다. 교사는 유아들의 작품 중 1~2개를 정기적으로 수집하여 유아를 위한 평가 자료로 활용하도록 한다.

제 2 부

실 제 편

실제편에서는 표현기법의 실제와 누리과정 적용을 위한 미술활동을 생활주제에 따라 소개하였다. 실제편에서 소개하는 표현기법을 정리하면 다음과 같다.

표현기법				도구
그리기와 칠하기	자유롭게 그리기 및 칠하기			크레파스, 도화지, 색연필/연필/볼펜, 사인펜/매직, 그림물감, 먹물, 파스텔/분필
	반발성 기법으로 그리기			크레파스, 도화지, 그림물감
	크레파스 그림 다림질하기			크레파스, 도화지, 사포, 다리미
	스크래치(scratch)			크레파스, 도화지
	크레파스 문질러내기			크레파스, 도화지
	녹여서 그리기			크레파스, 도화지, 초
	베껴내기(프로타주: frottage)			베껴내기에 사용할 다양한 소재, 도화지
	부분그림 완성하기			연필/연필/볼펜/사인펜, 도화지
	그리기와 번져내기			사인펜/매직, 도화지
찍기	사물을 이용한 찍기	종이 구겨 찍기		여러 가지 사물, 도화지, 그림물감
		면봉 찍기		
		나무젓가락 찍기		
		실물 모양 찍기		
		도장 찍기(stamping)		각종 재질의 모양 도장, 도화지, 그림물감
	신체 찍기			신체의 여러 부분, 도화지, 그림물감
	풀 그림(finger painting) 찍기			풀, 도화지, 그림물감
	비눗방울 찍기	비눗방울 터트리기		액체비누, 거품기, 도화지, 그림물감
		비누 거품 찍기		
	마블링(marbling) 무늬 찍기			마블링 물감, 도화지
	판화	볼록 판화	종이 판화	종이 그림판, 도화지
			고무 판화	고무 그림판, 도화지
			우드락 판화	우드락 그림판, 종이, 도화지
			롤러 판화(roller print)	무늬가 있는 롤러, 종이, 그림물감, 도화지
			탁본	먹물, 한지, 탁본용 그림판, 탁본봉
		오목 판화	에칭(동판화)	동판, 종이
		평판화	유리 판화	유리, 종이, 그림물감
			모노타이프	OHP 필름(아크릴판, 유리판), 그림물감, 도화지
		공판화	스텐실(stencil)	스텐실용 그림판, 그림물감, 스펀지, 도화지
데칼코마니	물감 데칼코마니			그림물감, 도화지 찍기
	실 그림 데칼코마니			다양한 굵기의 실, 도화지, 그림물감
물감 불기	물감불기			물감과 빨대, 불어펜, 그림물감
구슬 굴리기				그림물감, 쟁반, 구슬, 스푼, 도화지
물감 뿌리기	안개그림			철망, 칫솔, 스프레이, 그림물감
염색하기	전사염색			전사 염색지, 다리미
	한지염색			그림물감, 물감염료, 천연염료, 헝겊, 한지,
	헝겊염색			
	천연염색			
탈색하기				락스, 면봉, 셀로판지, 색습자지, 헝겊
직조				다양한 실, 직조틀
콜라주(collage)	모자이크(mosaic)			모자이크, 도화지
	포토몽타주(photo montage)			잡지류, 도화지
	종이 찢어 붙이기			각종 종이류, 도화지
	가루그림(색모래 그림)			색모래, 톱밥, 크레파스 가루, 도화지, 풀, 양면 테이프
	테이프 그림 그리기			각종 테이프 종류, 도화지
가위질하기				가위, 도화지, 풀
감상하기	나와 친구의 작품 감상			자신의 작품, 다른 사람의 작품, 명화
	명화 감상			
	명화 재구성하기			명화, 도화지,

제1장

표현기법의 실제

1. 그리기와 칠하기
2. 찍기
3. 판화
4. 데칼코마니
5. 물감불기
6. 구슬 굴리기
7. 안개 뿌리기
8. 염색하기
9. 탐색하기
10. 직조
11. 콜라주
12. 가위질하기
13. 감상하기

1. 그리기와 칠하기

가. 크레파스 · 크레용

크레파스는 크레용과 파스텔의 합성어이다. 정식 명칭은 오일파스텔(oil pastel)이며 '기름기 있는 파스텔', '광택이 있는 파스텔'이라는 뜻이다. 주원료는 안료와 야자유(왁스)다. 크레용은 불어로 연필을 말하나 시판되는 좁은 의미의 크레용은 안료에 파라핀 왁스를 열로 녹인 후 골고루 섞어 고형화한 것이다.

원료가 주로 기름 종류라 물과 섞이지 않으며 덧칠하여 혼색이 가능하며 불투명하다. 한 색에 다른 색을 덧칠하면 끝부분이 쉬 더러워지거나 찌꺼기가 생긴다.

크레파스는 재질이 부드러워 힘들이지 않고 칠할 수 있으나 선이 두꺼워 섬세한 표현보다는 넓은 면을 칠하기에 좋다. 크레용은 파라핀 성분으로 딱딱하여 힘을 주어 칠해야 하며 색연필과 비슷한 성질로 곱게 표현하는데 알맞다.

밑그림은 밝은 색으로 그리고 칠을 할 때도 옅은 색부터 점차 짙은 색으로 칠해야 부분적으로 덧칠하여 수정이 가능하다. 크레파스에 묻은 찌꺼기를 자주 닦아 주어야 깨끗하게 그릴 수 있다.

1) 반발성 기법(크레파스 방수기법)으로 그리기

물과 기름이 갖는 배타성을 이용한 표현기법이다. 양초로 촛농을 흘리거나, 크레파스 색칠을 한 면이나 선 위에 수채물감이나 잉크 혹은 아크릴 물감으로 채색하면 크레파스나 양초의 파라핀 성분이 있는 곳을 제외한 부분만 채색이 된다. 그리기 쉬우면서도 표현 효과가 뛰어나기 때문에 아동화에서 많이 사용한다.

크레파스로 그리기

크레파스 그리기를 사용한 반발성 기법

촛농 흘리기 기법을 사용한 반발성 기법

2) 크레파스 그림 다림질하기

사포에 그림을 그린 후 다리미로 녹여 내는 방법과 크레파스 가루를 뿌린 후 녹여 내는 방법이 있다.

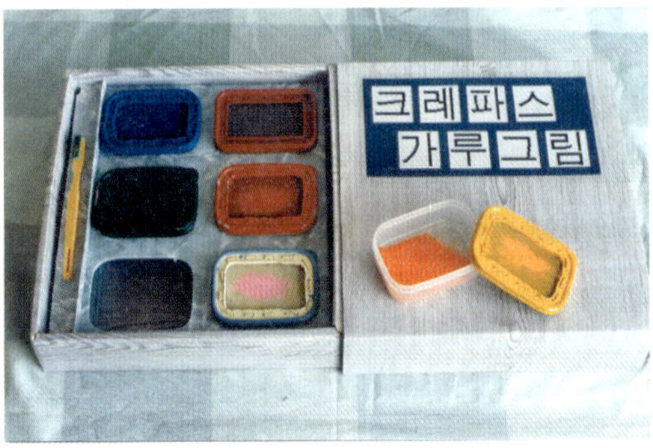

〈크레파스 가루 그림 작업 용구〉

플라스틱 양념 통 위에 철망을 대고 크레파스를 문지르면 가루가 통 안에 떨어진다. 이 가루를 이용해 작업을 한다.

〈작품의 예 : 원본과 좌우 대칭〉

3) 스크래치(scratch)

밝은 색 위에 어두운 색으로 덧칠이 되어 있는 그림을 요지와 같이 뾰족한 것으로 긁어 내어 밑바탕의 색이 드러나게 하는 기법이다.

가) 크레파스로 직접 작업하기

화지에 크레파스로 밝은 색으로 밑색을 칠하고 다시 어두운 색을 덧칠한 후 긁어 낸다.

나) 잡지를 이용하기

유아들의 경우 많은 면적을 칠해야 하는 어려움을 덜기 위해 색상이 밝은 잡지를 골라 어두운 톤으로 덧칠하여 완전히 메꾼 후 작업을 할 수도 있다.

다) 상품화된 자료 이용하기

봉투 안에 들어 있는 그림을 꺼낸 후 함께 들어 있는 펜을 이용해 넓게 혹은 가늘게 검정색을 긁으면 바닥면의 색이 나타난다.

라) 스크래치 효과를 만들기

OHP 필름에 롤러로 검정색 아크릴 물감을 칠하고 말린 후 뾰족한 도구로 긁어 낸다.

4) 크레파스 문질러내기

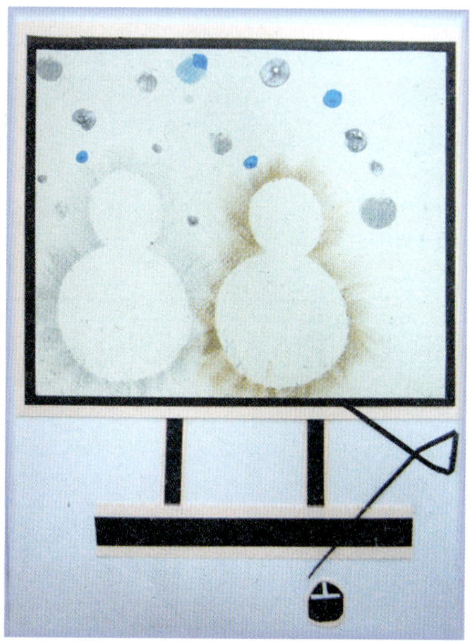

종이나 OHP 필름에 그림을 그리고 칼로 오려 낸 후, 오려진 형태의 가장자리를 따라 크레파스나 파스텔로 선을 그려 밑그림을 만든다. 밑그림을 도화지 위에 얹고 손가락으로 선 밖에서 안쪽으로 문질러 낸다. 반대로 오려진 그림의 가장자리에 크레파스 선을 그리고 도화지 위에 놓고 안에서 밖으로 문질러 낼 수도 있다.

5) 녹여서 그리기

크레파스나 크레용은 합성섬유 붓 또는 면봉에 테레빈유나 로션 또는 석유를 묻혀 문지르면 녹는다. 이런 성질을 잘 이용하면 수채 색연필을 쓸 때와 마찬가지로 담채기법을 이용할 수 있다.

나. 색연필 · 연필 · 볼펜

크레파스와 달리 세세한 묘사나 강조 표현에 좋은 필기 및 채색도구이다.

색연필은 유성과 수성이 있으며 유성은 그리고 나서 번짐 현상이 없고 수성은 칠한 다음 물을 묻히면 물감처럼 번지는 연필로서 수채화를 그릴 때 함께 사용하면 좋다.

1) 자유롭게 그리기와 칠하기

〈 볼펜으로 그리기와 칠하기 〉

〈 색연필로 그리기와 칠하기 〉

2) 베껴내기(프로타주 : frottage)

“문질러 내다”라는 뜻인 프로타쥬(frottage)는 물체의 질감을 그대로 베껴 내는 기법으로 나무조각이나 동전, 나뭇잎, 시멘트 바닥, 기타 요철이 있는 물체에 종이를 대고 색연필, 크레용, 숯 따위로 문질러 거기에 베껴지는 무늬나 효과 따위를 응용한 회화기법이다.

너무 얇은 재료는 무늬가 나타나지 않을 수 있으므로 주의하고 다양한 재료를 탐색하게 한다.

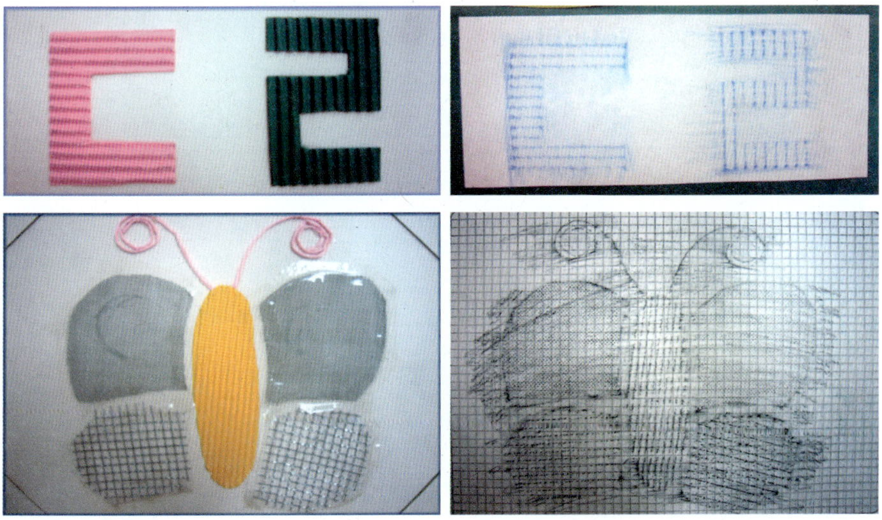

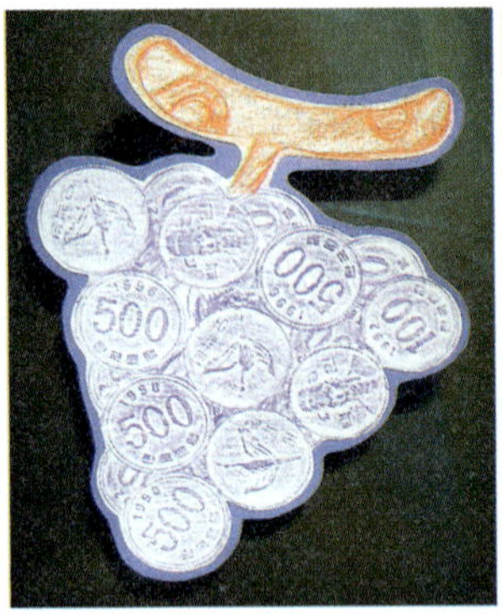

3) 부분그림 완성하기

그림을 일정한 간격(1㎝)으로 자른 후 자른 그림을 1㎝ 간격을 두고 종이에 붙이거나(그림이 옆으로 2배 확대한 그림 : 그림 1), 한 칸씩 떼어낸 후 사인펜이나 색연필을 사용해 비어 있는 곳의 그림을 완성시킨다(그림 2). 화면 일부분을 잘라 내고 빈 곳에 그림을 그려 넣을 수도 있다(그림 3).

원본

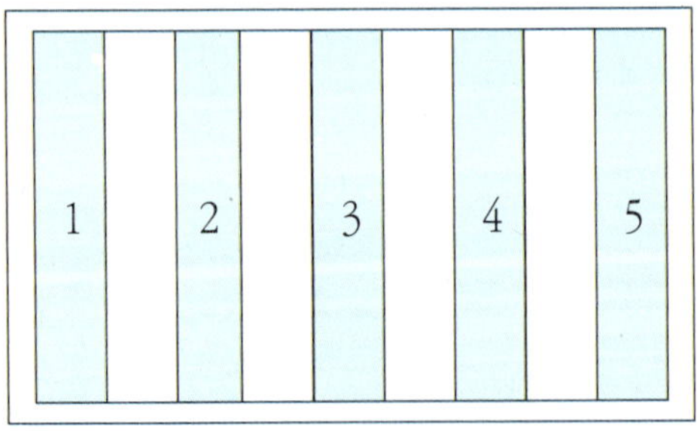

그림 1

그림 2

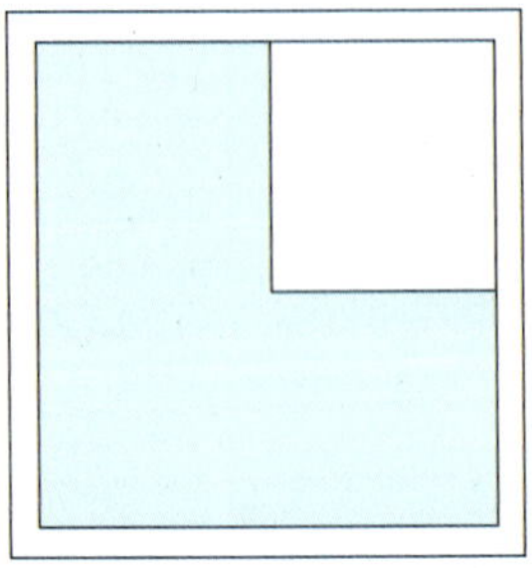

그림 3

〈 그림을 한 칸씩 떼어 내고 빈 곳 칠하기 〉

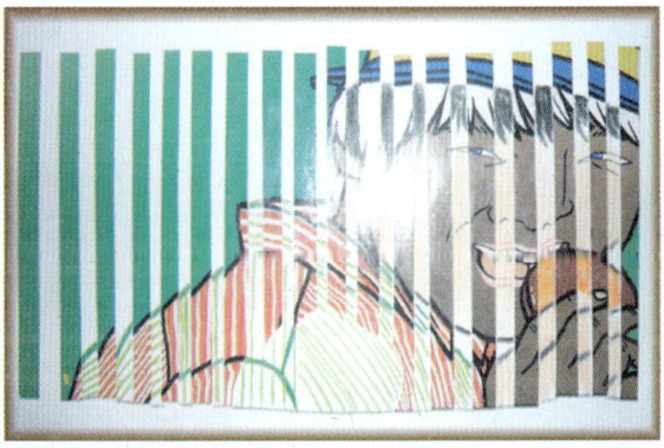

〈 그림을 한 칸씩 늘려 붙이고 빈 곳 칠하기 〉

〈 그림의 일부분을 잘라 내고 빈 곳 칠하기 〉

다. 파스텔 · 분필

화지에 파스텔로 그리거나 가루를 뿌린 후 문질러서 표현한다. 쉽게 묻어나므로 정착액(픽사티브)을 뿌려 보관한다. 정착액을 뿌리기 전에는 지우개로 쉽게 지울 수 있다.

라. 사인펜 · 유성매직

사인펜은 선묘로 표현하거나 세부묘사에 효과적이며 수성이므로 물에 번진다. 매직은 수성과 유성 두 가지가 있다. 사인펜보다는 선이 굵으며 선묘나 채색도구로 모두 사용 가능하며 비닐이나 OHP 필름, 플라스틱 등 다양한 곳에 사용할 수 있다.

1) 종이에 그리기와 칠하기

〈 수성 사인펜으로 그리기 〉

2) 투명필름(OHP 필름) 위에 그리기

수성 사인펜과 달리 유성 사인펜은 투명필름 위에 그리기와 채색이 가능하다.

〈 OHP 필름에 사인펜으로 그렸을 때 〉

〈 OHP 필름에 유성 사인펜으로 그렸을 때 〉

OHP 필름 위의 그림을 돋보이도록 은박지(알루미늄 호일)를 구겼다가 편 후 그림을 그린 OHP 필름을 올려놓는다.

① 은박지를 구겼다가 편다.

② 아세테이트지나 OHP 필름에 유성펜으로 그림을 그린다.

③ 은박지를 구겼다가 편 후 그 위에 OHP 필름 그림을 올려놓고 뒤를 마감한다.

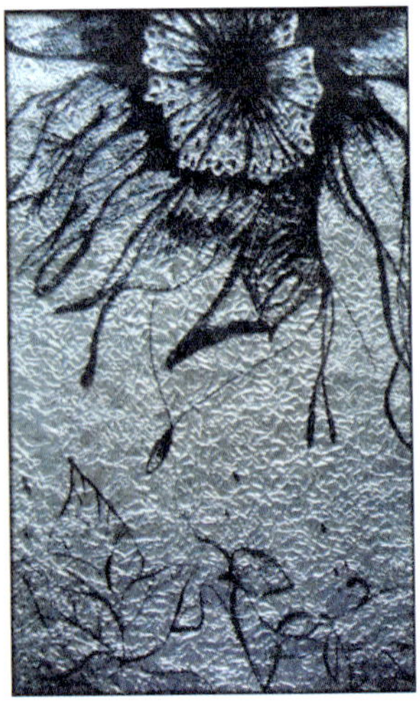

〈은박지를 댄 OHP 필름 그림〉

3) 은박지(알루미늄 호일) 위에 그리기와 칠하기

촉이 펠트로 된 유성펜으로 알루미늄 호일에 그림을 그린다.

① 하드보드지에 알루미늄 호일을 씌운다.
② 목공풀로 다양한 무늬를 만들고 털실을 붙인다.

③ 다양한 색의 유성펜으로 칠한다.

4) 종이나 화선지 위에 그리고 물에 번져내기

사인펜으로 그린 그림 위에 붓으로 물을 바르거나 물로 스프레이를 한 종이에 사인펜으로 그림을 그리면 색이 번진다.

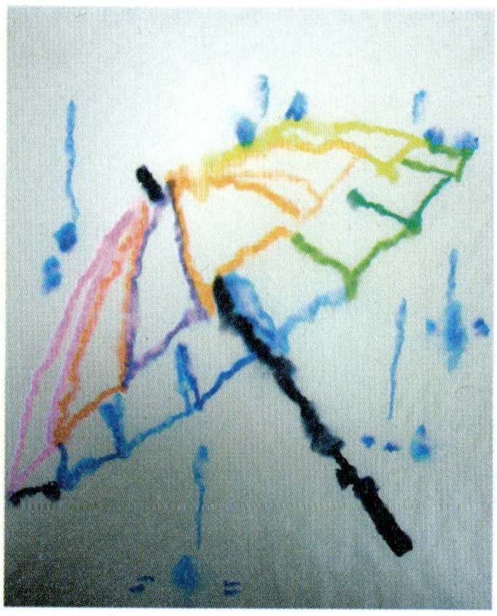

마. 그림물감

물감에는 수채화물감, 포스터물감, 아크릴물감, 분장물감, 마블링물감, 스티커물감, 염색물감 등이 있다.

그림물감은 화지의 종류에 따라 다른 느낌의 그림을 그릴 수 있다.

1) 수채화물감

수용성으로 색채가 선명하고 접착력이 강하고 내광성이 뛰어나 변색이 잘 안 된다. 투명채색이 가능하며 빛에 반사되어 오는 굴절률에 의해서도 투명도가 다르다. 또한 혼색을 하여도 발색이 뛰어나 광범위하게 사용된다.

그리기와 칠하기, 불기, 찍기, 안개그림 그리기, 염색하기, 구슬 굴리기 등 다양한 기법에서 활용된다.

〈 티슈에 수채화 물감으로 그리기 〉

〈 도화지에 수채화물감으로 그리기 〉

〈 헝겊에 수채화물감으로 진하게 그리기 〉

〈 도화지에 수채화물감으로 그리기 〉

〈 와트만지에 수채화물감으로 그리기 〉

〈 한지에 수채화물감으로 그리기 〉

2) 포스터물감

입자가 곱고 부드러우며 발색력이 뛰어난 수용성·불투명 채색물감으로 광택이 없으며 채도가 높다. 물에 잘 용해되므로 칠하기가 매우 부드럽고 기포의 발생이나 거품 현상이 없다.

〈 도화지에 포스터물감으로 그리기 〉

3) 아크릴물감

수용성으로 희석하지 않으면 유화처럼 두껍게 칠할 수 있다. 고착력이 강하므로 유성캔버스, 하드보드지, 천, 나무판, 종이, 가죽, 시멘트 벽 등에 자유롭게 사용할 수 있으며, 옥외 벽화에 사용해도 좋다.

4) 스티커물감(글라스데코)

물감이 마르면 색상이 밝고 선명하며 유리창이나 타일에 붙였다 떼었다 할 수 있다.

밑그림 위에 비닐을 올려놓고 선을 따라 검정 물감을 짜서 테두리를 그린 후 마를 때까지 1시간 정도 기다린다.

테두리 안에 원하는 물감을 짜서 채색을 하고 완전히 마르고 난 뒤(8시간 이상) 그림을 살짝 떼어 유리창이나 거울, 타일 등 원하는 곳에 붙인다.

〈 스티커물감으로 그리기 〉

〈 스티커물감 그림의 예 〉

바. 먹물

먹물을 이용해 화선지나 헝겊에 수묵화 그리기, 다양한 사물을 이용한 찍기활동, 탁본활동, 먹물 염색 시 사용한다.

수묵화를 그릴 때는 원하는 크기의 화선지를 모포나 담요 위에 놓고 분무기로 맑은 물을 약간 뿌린 후 붓에 먹물을 적셔 가며 그리고 싶은 사물을 그린다.

〈 수묵화 〉

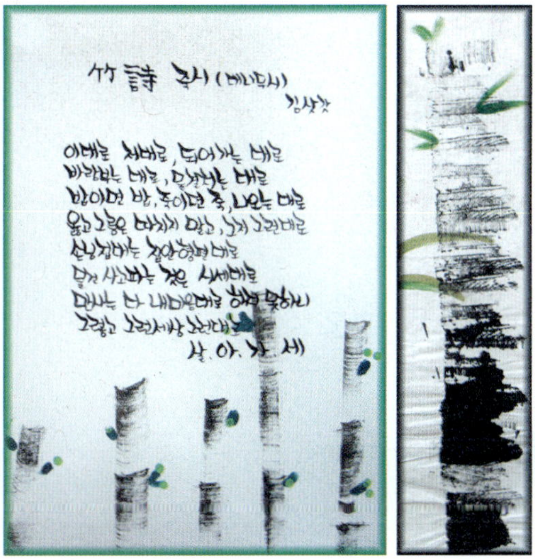

〈 나무젓가락 찍기 〉

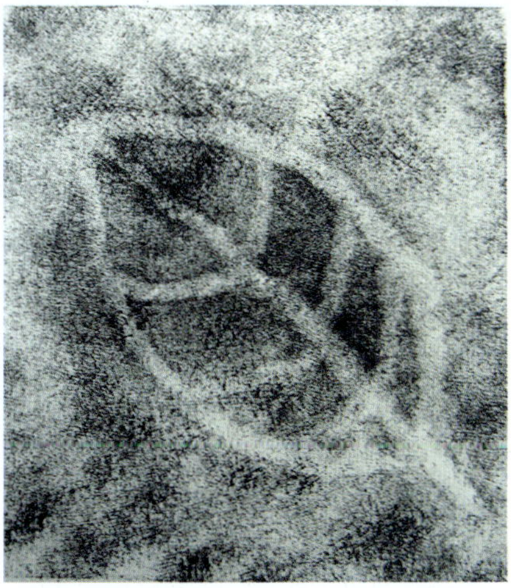

〈 먹물탁본 〉

2. 찍기

여러 가지 실물 찍기, 도장 찍기(동물스펀지 도장 · 전통문양 · 모루도장 · 야채도장), 신체 찍기, 판화 찍기 등을 통해 형태의 반복과 깊이를 느끼게 하는 활동이다.

물감을 다루는 작업을 할 때는 물을 닦을 수 있는 수건이나 휴지를 준비하며, 말린 후 작품을 쉽게 찾을 수 있도록 먼저 이름을 쓰고 작업을 시작한다. 물감은 쓰러뜨려도 쏟아지지 않도록 안전 물감통에 물감을 풀어 주며, 찍기를 위한 물감 패드에는 휴지나 스펀지 혹은 솜을 깔고 도장을 찍도록 한다.

가. 실물을 이용한 찍기

1) 종이 구겨 찍기

다양한 모양으로 종이를 구긴 후 물감을 묻혀 찍는다.

2) 면봉 찍기

점묘법처럼 면봉에 물감을 묻혀 찍기도 하고 잡지 그림 위에 찍어 효과를 내기도 한다.

3) 나무젓가락 찍기

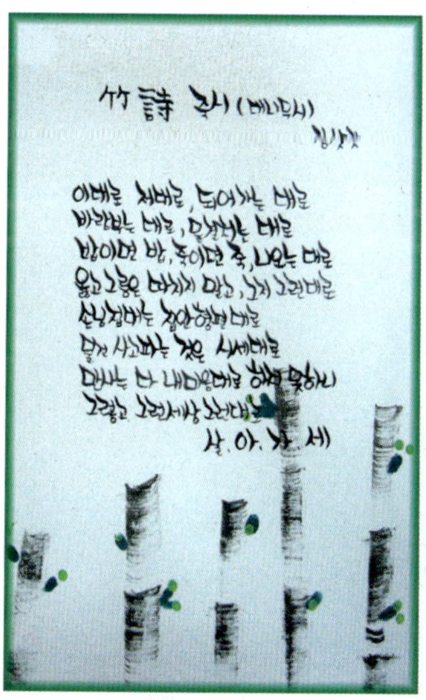

〈 나무젓가락에 먹물을 묻혀 찍기 〉

4) 실물 모양 찍기

주변에 있는 나뭇잎이나 장난감 등에 물감을 묻혀 직접 찍는다.

5) 도장 찍기(stamping)

상품화된 도장, 야채나 지우개를 파서 만든 도장, 모루를 이용하여 만든 도장을 찍거나 신체의 일부분에 직접 물감을 묻혀 찍는다.

〈스펀지 도장 찍기〉

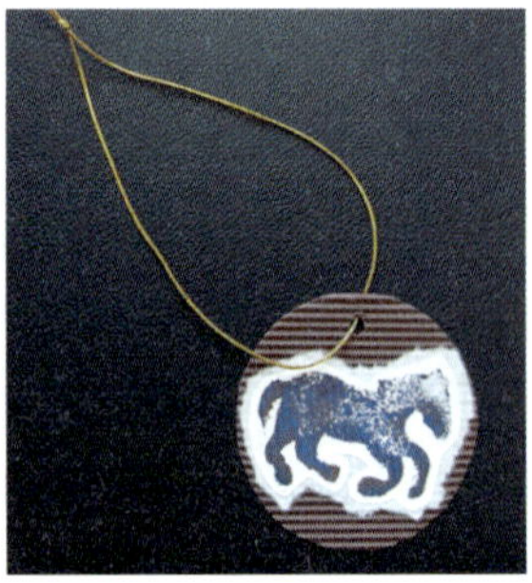

〈 스펀지 도장과 활용의 예 〉

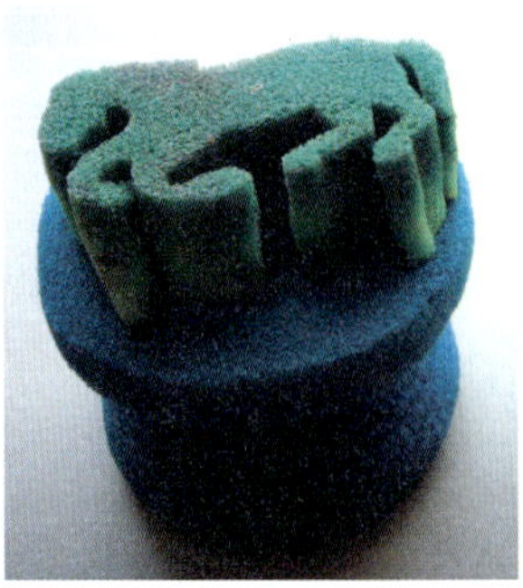

〈 스펀지 도장 〉

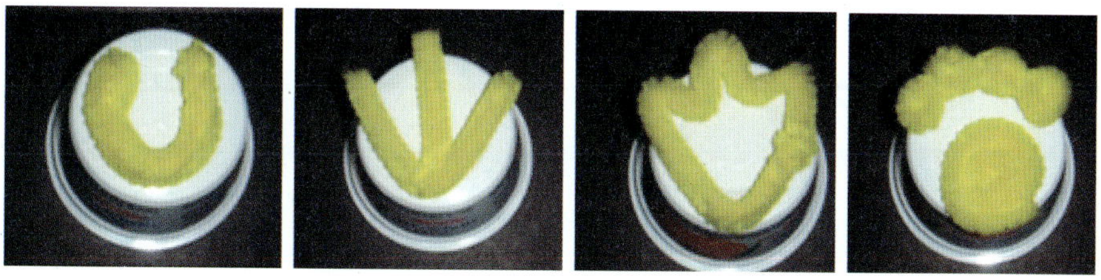

〈 모루를 이용해 만든 동물 발모양 도장 〉

〈 EVA를 잘라 만든 도장과 활용의 예 〉

〈 야채도장 찍기 〉

〈물감패드〉

접시에 스펀지를 깔아 물감이 흐르지 않게 하고 도장을 찍는다.

나. 신체 찍기

〈 손바닥 찍기 〉

〈 손가락 찍기 〉

다. 풀 그림 찍기(finger painting)

밀가루 풀을 쑬 때 식용색소나 물감을 섞어 색풀을 만들거나 핑거페인팅용 물감(템페라 액체 타입)을 사용한다. 핑거페인팅 과정에서 다양한 촉감과 자연스러운 색 혼합을 경험할 수 있다.

1) 풀 그림 그리기

비닐이나 유리판에 색풀을 올려놓고 양 손이나 손가락을 이용해 무늬를 만들거나 색풀을 찍어 그림을 그린다. 색풀을 풀통에 넣고 그림을 그릴 수 있으며 밀가루 풀 대신 석고를 풀어 손가락 자국을 만들 수 있다.

〈 알루미늄 호일 위에 풀 그림 그리기 〉

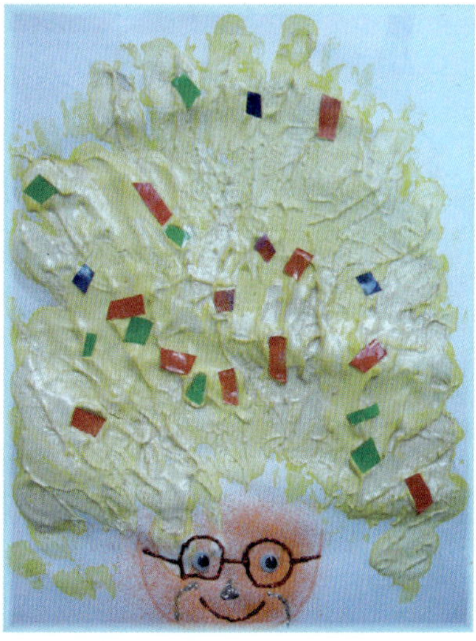

〈 도화지에 색풀이나 석고를 이용해 그리기 〉

2) 풀 그림 찍기

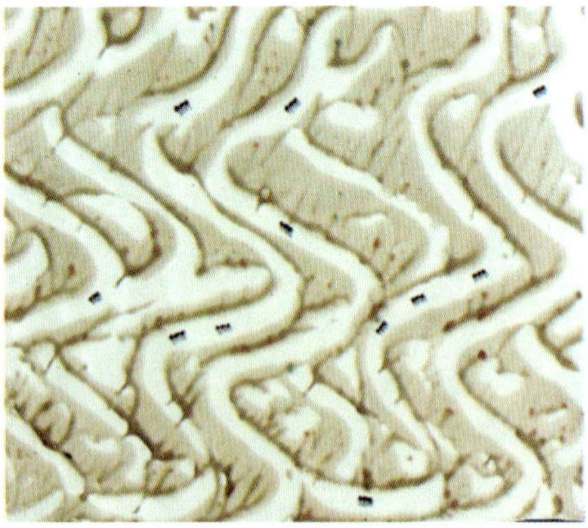

〈 풀 그림 찍어내기 〉

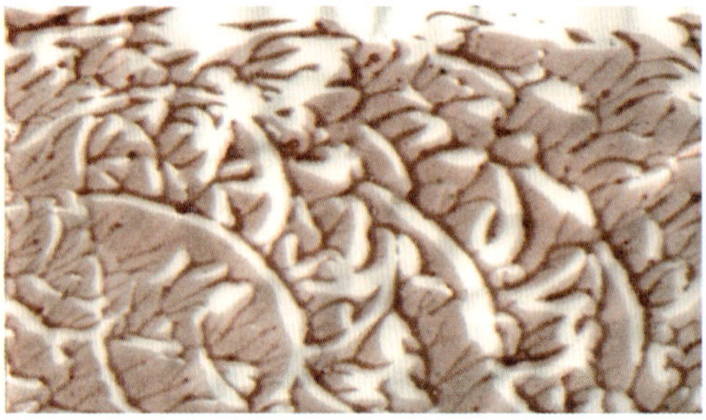

〈 유리판이나 큰 종이 위에 색풀을 놓고 넓게 펴 바른 후 손가락으로 무늬를 만든다. 다른 도화지를 올려놓고 손으로 누르며 찍어 낸다. 〉

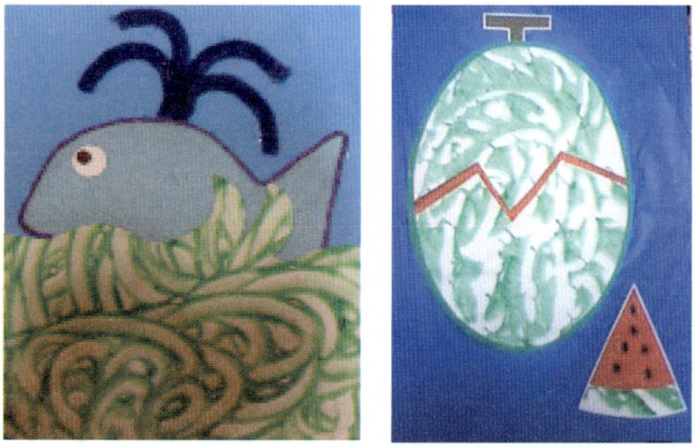

〈 풀그림 활용의 예 〉

라. 비눗방울 찍기

1) 비눗방울 터트려 찍기

도화지 위에 비눗방울이 터지지 않게 살짝 떨어뜨린 후 터트린다.

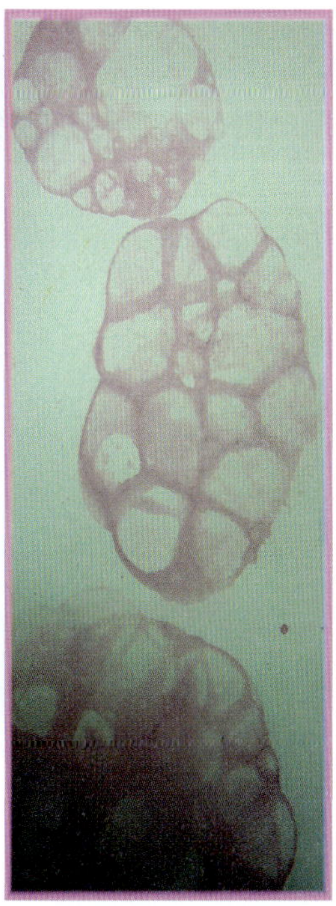

2) 비누거품 찍기

병이나 그릇에서 부글부글 비누거품을 낸 후 도화지를 덮어 찍어 낸다.

마. 마블링 찍기

물과 기름이 섞이지 않은 원리를 이용한 물감으로, 물 위에 유성물감을 떨어뜨려 막대로 저은 다음 종이를 물 위에 덮어 찍어 내면 대리석 문양, 물결 문양 등 자연스러운 무늬가 나타난다.

물감의 색을 바꿀 때는 휴지로 남은 물감을 걷어 낸 후 한 가지 색보다는 두 가지 색 정도의 물감을 떨어뜨린다.

마블링물감이 덩어리째 종이에 찍히면 마르지 않으므로 물감 덩어리를 휴지로 찍어 낸 후 말린다. 마블링물감은 기름 성분이므로 사용한 대야는 비누로 깨끗이 닦아야 한다.

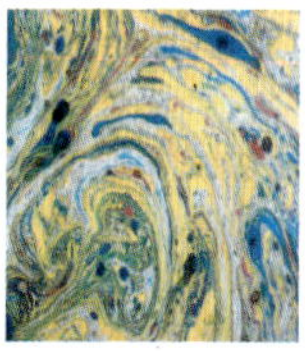
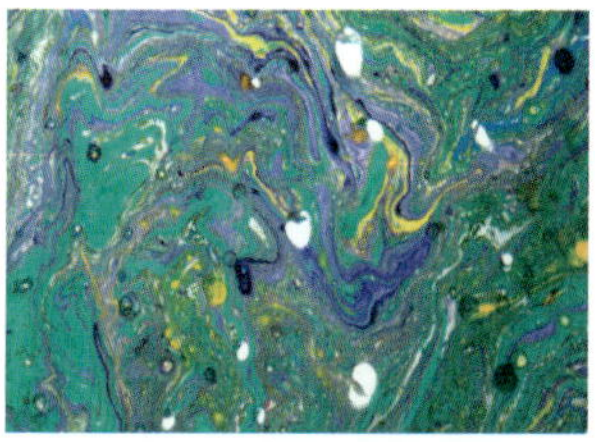

〈마블링 활용의 예〉

3. 판화

종이에 모양을 덧대거나 고무판이나 우드락에 양각 혹은 음각으로 그림을 파낸 판을 종이에 찍어내며 잉크가 '판'의 어느 곳에 묻느냐에 따라 볼록판화, 오목판화, 평판화, 공판화 등으로 나뉜다.

볼록판화는 필요 없는 부분을 파내고 볼록하게 돌출한 곳에 잉크를 묻혀서 찍는 기법으로 음각과 양각으로 표현된다. 양각은 형태 이외의 필요 없는 부분은 파내어서 형태에 잉크가 묻혀 찍혀지게 되고, 음각은 형태를 파냄으로써 형태는 찍혀지지 않고 주위가 찍혀진다.

이 밖에 볼록판의 볼록한 부분에 물감을 칠하지 않고 덮은 종이 위에서 물감을 문지르는 형식의 탁판이 있으며 우리나라의 탁본이 이 기법에 속한다.

탁본은 비석이나 종에 있는 문양을 먹을 이용해 원형 그대로 종이에 뜨는 방법으로 비석에 종이를 대고, 그 위에서 먹물로 가볍게 두들기듯이 하여 문자나 문양을 뜨기 때문에 새겨진 선 부분은 하얗고, 새긴 부분 이외의 도드라진 부분은 까맣게 나온다.

판화는 판 하나로 여러 장 찍을 수 있으며 판화의 종류와 특징을 정리하면 다음과 같다.

구분	판화의 종류		판화의 특징
볼록판화	볼록판의 볼록한 부분에 잉크를 묻혀 찍는 방법	종이 판화 고무 판화 목판화 우드락 판화	흑백의 강한 대비 판과 그림의 좌우가 반대
	볼록판을 덮은 종이 위에서 문지르는 방법	롤러 판화 탁본	판과 그림의 좌우가 같음
오목판화	오목한 곳에 잉크를 칠하는 방법	에칭(동판화) 아연판	세밀하고 예리한 선 판과 그림의 좌우가 반대
평판화	편평한 곳에 잉크를 칠하는 방법	석판화(리소그래픽) 유리 판화 모노타이프	판과 그림의 좌우가 반대
공판화	구멍을 통해 잉크를 칠하는 방법	실크스크린 스텐실	판과 그림의 좌우가 같음

가. 볼록 판화

1) 종이 판화

하드보드지 위에 모양을 오려 붙인 후 물감을 발라 찍어 낸다.

〈 볼록판화 (양각) 〉

2) 고무 판화

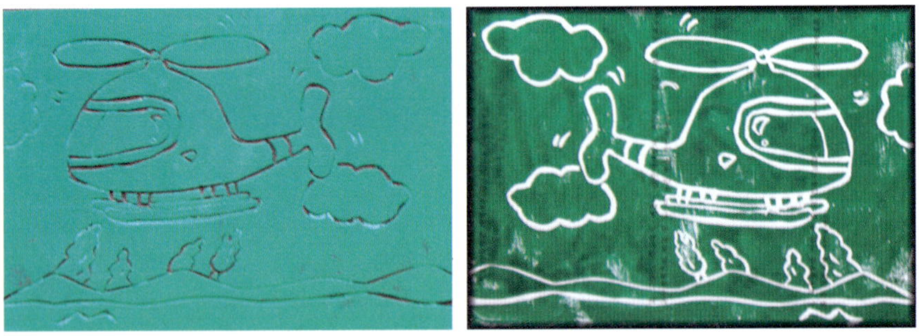

〈 볼록판화 (음각) 〉

3) 우드락 판화

우드락이나 테두리를 잘라 낸 포장용 스티로폼 접시에 그림을 그린 후 그림붓의 뒷부분이나 볼펜 끝부분으로 그림 선을 꾹꾹 눌러서 형태를 만든 후 종이에 찍어 낸다.

〈 우드락 탁본 〉

〈 우드락 탁본 〉

〈 우드락 판화 (볼록판화:음각) 〉

4) 롤러 판화

롤러에 물감을 묻혀 가로 세로로 몇 번이고 굴려 물감을 균일하게 바른 후 작업을 한다. 롤러나 깡통에 실을 감거나 나뭇잎들을 붙여서 굴리면 재미있는 모양을 얻을 수 있다.

〈 깡통롤러 〉

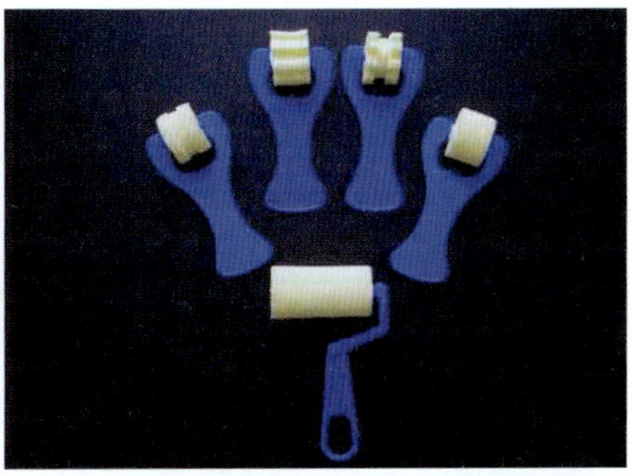

〈 스펀지롤러 〉

〈 롤러그림 〉

〈 롤러그림 활용의 예 〉

5) 우드락 탁본

볼펜 끝부분과 같이 너무 날카롭지 않은 도구를 이용해 우드락을 눌러서 그림을 그린 후 화선지로 싸서 움직이지 않도록 뒷부분에 테이프로 고정한다. 봉에 먹물을 묻히고 신문지에서 농담을 조정한 후 화선지 위를 톡톡 두드리면서 그림이 나타나게 한다.

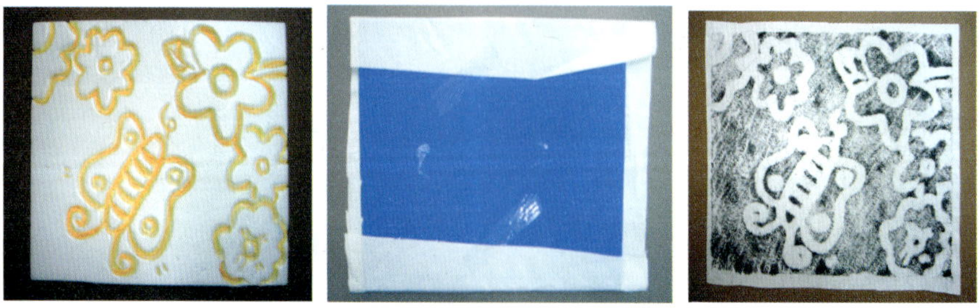

먹물은 접시에 스펀지나 솜을 깔아 쏟아지지 않게 준비한다. 봉은 손에 묻지 않도록 나무젓가락에 솜을 넣은 가제를 매달아 사용한다.

나. 오목 판화

오목 판화는 오목하게 패인 홈에 잉크를 메워 넣고 닦아 낸 다음 종이를 판에 얹어 프레스기로 압력을 주어 잉크로 메워진 선이 종이에 옮겨지는 판화다.

오목판화는 동판이나 아연판 등의 금속판에 바늘처럼 뾰족한 니들이나 금속판을 새기는 칼로 직접 오목한 부분을 만드는 조각법(인그레이빙과 드라이포인트)과 부식에 의한 화학처리 방법을 이용하는 부식법(에칭 : 동판화)이 있다.

다. 평판화

평평한 면에 기름기가 있는 크레용이나 유리용 색연필 등의 드로잉 도구로 직접 그림을 그려 명암의 변화, 붓의 터치, 크레용 자극 등을 잘 살려 내는 특징이 있다.

평판화의 종류로는 석판화(리소그래픽), 유리판화, 모노타이프를 들 수 있다. 석판화는 여러 장 찍을 수도 있지만, 모노타이프는 여러 장 찍을 수가 없다.

라. 공판화(stencil)

공판화는 잉크가 판의 구멍에서 새어나와 평평한 곳에 잉크가 묻는다. 공판화는 그리고 싶은 모양을 오려 내어 판면에 뚫린 구멍으로 잉크를 밀어 넣음으로써 뚫린 부분만 잉크가 새어나가 종이에 찍히도록 하는 판화를 말한다. 색상이 선명하고 강한 느낌을 주며, 찍고 난 후에 판과 찍힌 그림의 좌우가 바뀌지 않는다.

공판화의 종류로는 실크스크린과 스텐실을 들 수 있다.

〈 스텐실 스펀지 〉

부피가 얇은 종이나 OHP 비닐 등에 무늬를 그려서 오려 낸 후 종이 위에 놓고 물감을 묻힌 스텐실 스펀지로 오려 낸 모양 안을 톡톡 두드려서 찍어 내는 방법이다.

4. 데칼코마니(decalcomanie)

접었다 펼친 도화지의 한쪽 면에 물감을 짜고 나머지 면을 덮은 후 문지르거나, 물감을 묻힌 실을 놓고 덮은 후 실을 잡아 뺀다. 종이를 펼치면 좌우대칭의 형태가 나타난다.

가. 물감 찍기

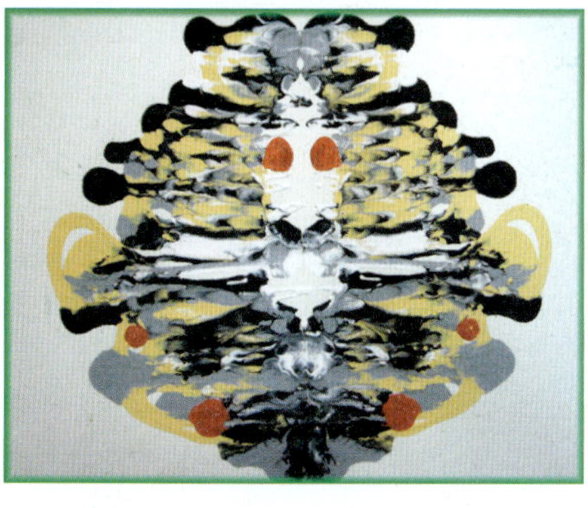

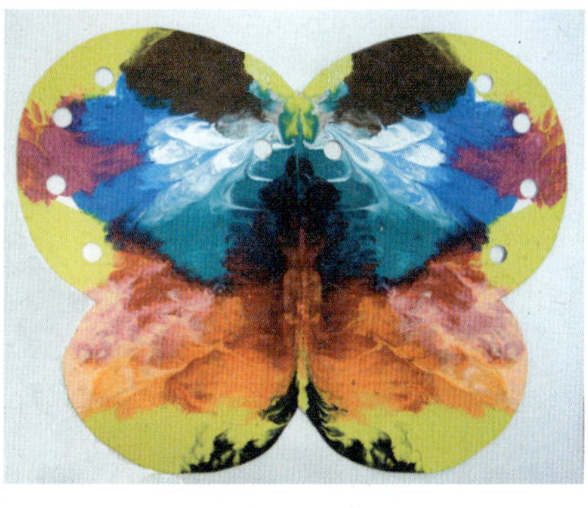

나. 실 그림 찍기

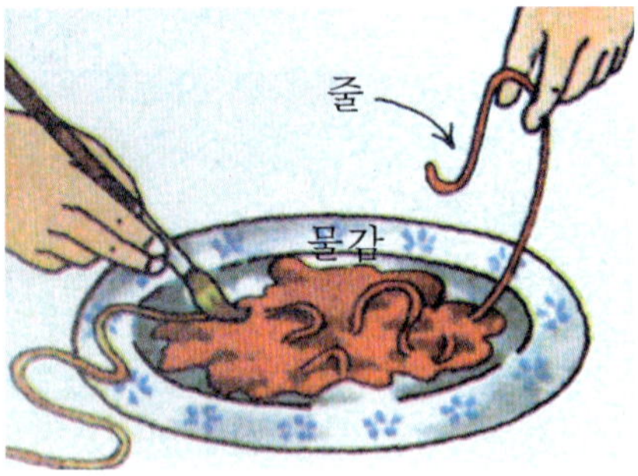

붓으로 줄에 물감을 묻힌다.

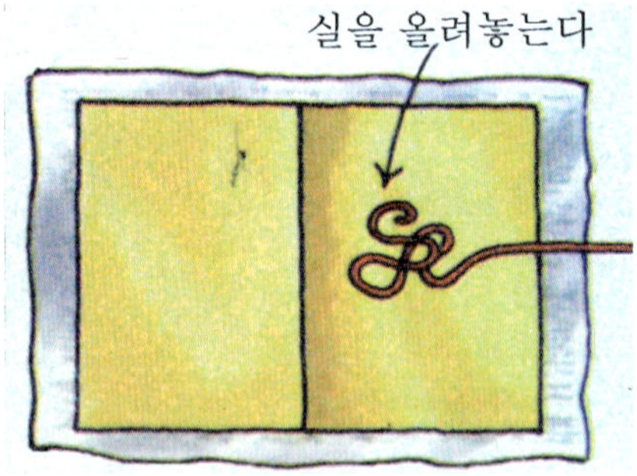

반 접었다가 편 도화지 한 면에 물감이 묻은 실을 올려놓는다.

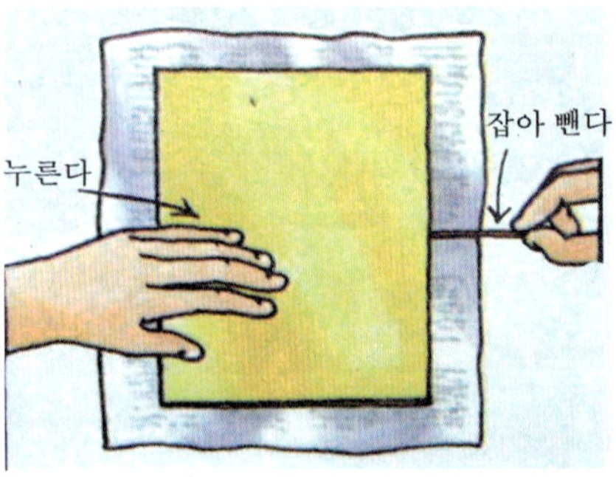

도화지를 다시 접고 손으로 누른 후 실을 잡아 뺀다.

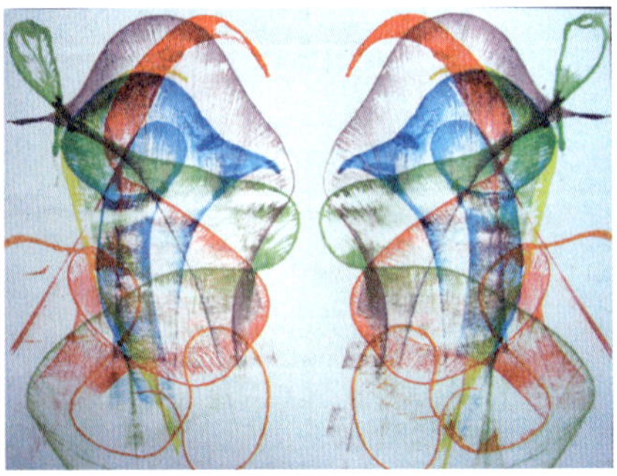

다양한 색을 묻힌 실로 작업을 반복하면 양쪽에 대칭으로 그림이 나타난다.

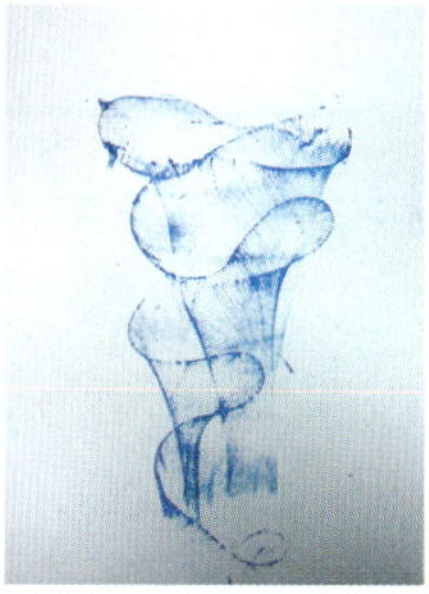

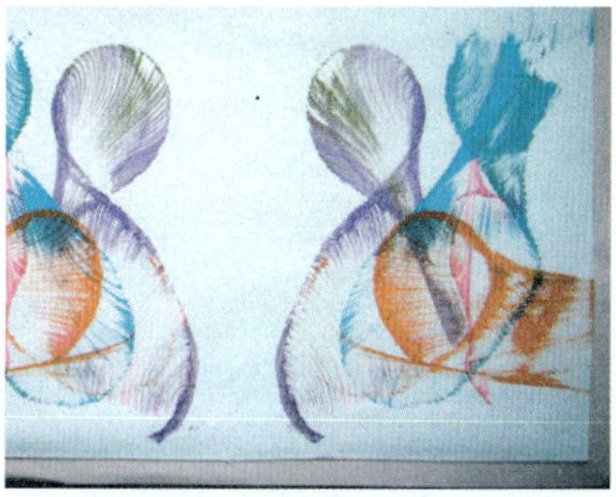
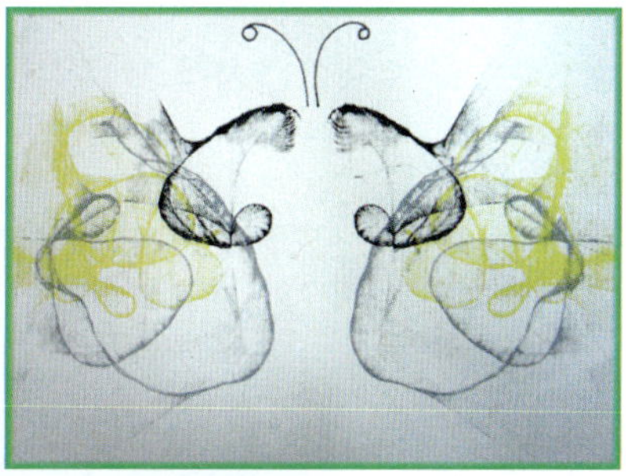

실그림 응용 : 실그림을 오려 화분의 꽃을 만든다.

실 그림 응용 : 잡지 그림의 배경을 오려 내고 실의 흔적으로 바꾼다.

5. 물감 불기

물감을 떨어뜨린 다음 입김으로 불어서 무늬를 나타내는 방법이다. 입으로 부는 강도에 따라 결과가 달라지며 빨대를 이용해서 불면 또 다른 효과가 난다.

〈 나무줄기 연상 〉

〈 물뿌리개 물줄기 연상 〉

〈 빗줄기 연상 〉

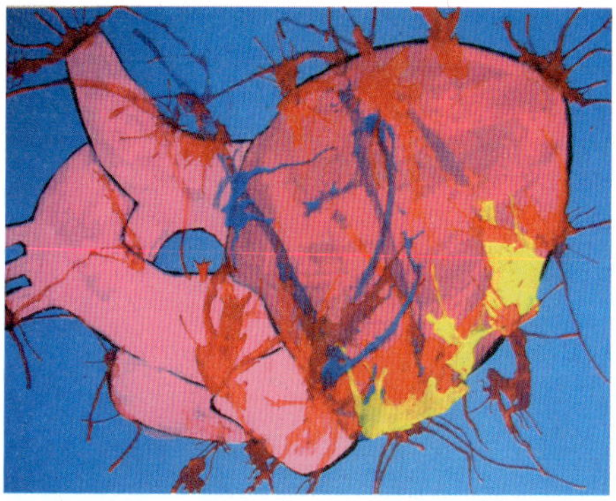

〈 심장의 혈관 연상 〉

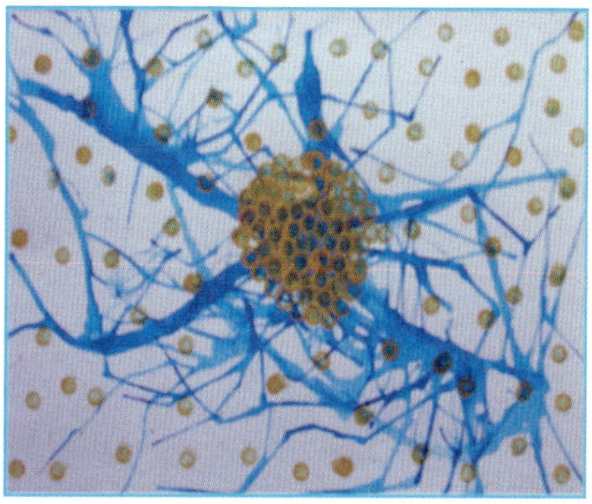

〈 거미줄 연상 : 면봉으로 알을 찍어 넣음 〉

〈 도자기 문양 연상 〉

〈 바람에 날리는 머리카락 연상 〉

6. 구슬 굴리기

쟁반에 도화지를 놓고 그 위에 물감 묻은 구슬을 넣고 굴리면 구슬이 굴러다니면서 물감 흔적을 남긴다.

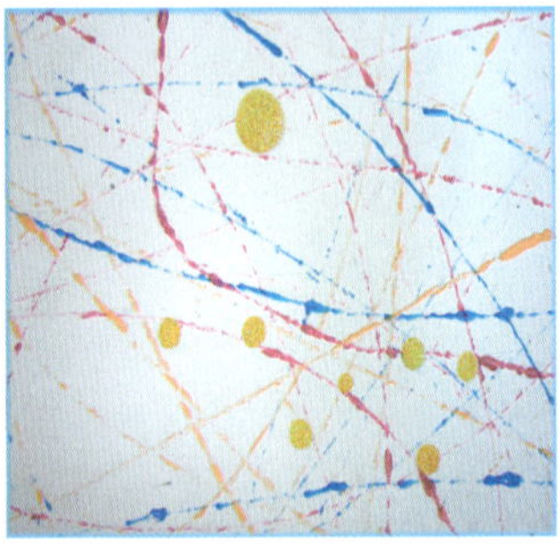

〈 구슬그림 〉 〈 구슬그림에 원형 금색 색종이로 장식 〉 〈 구슬그림에 도장 찍기 〉

〈 구슬그림 응용 〉

구슬그림 작업용구

물감통은 구슬의 색이 섞이지 않도록 색깔별로 칠한다. 숟가락은 일회용 플라스틱 숟가락에 구멍을 뚫거나 구멍이 뚫린 화채숟가락을 사용하면 구슬과 함께 너무 많은 물감이 도화지에 떨어지는 것을 막을 수 있다.
쟁반 대신 보관 상자 뚜껑에 도화지를 넣고 구슬을 굴린다.

7. 안개 뿌리기

화지 위에 여러 가지 재료를 놓고 분무기로 뿌리거나 망사 위에서 칫솔에 물감을 묻혀 문지르면서 분무되는 물감에 의해 형태가 나타나는 방법이다. 나타내고자 하는 그림에 물감을 뿌리는 방법과 그림 이외의 바탕 면에 뿌리는 방법이 있다.

도화지에 원하는 그림(꽃, 별) 조각을 올려놓고 분무를 한 후 조각을 들어 내면 바탕에 안개처럼 물감이 뿌려지면서 그림이 나타난다.

도화지 위에 나타내고자 하는 모양(장미, 비둘기)을 오려 낸 종이를 올려놓고 분무를 한 후, 올려놓은 종이를 들어 내면 밑에 있던 도화지에 모양이 나타난다.

8. 염색하기

염료나 안료를 사용하여 피염물(헝겊, 종이)에 색채를 염착시키는 방법으로 착색법은 염료를 물에 녹여 피염물 내부에 색을 흡수시키는 방법과 안료에 고착제를 혼합하여 착색시킴으로써 고착제에 의해 피염물 표면에 색소층을 형성하는 방법이 있다.

무엇으로 염색했는가에 따라 자연염료 염색법과 합성염료 염색법이 있으며 유아들은 주로 그림물감이나 자연염료 염색법으로 경험을 한다.

가. 착색 방법에 따른 염색법

1) 납염(蠟染)

방염제(밀랍이나 파라핀)를 녹인 액체로 붓을 이용해 직물에 문양을 그리고 염색한 후, 다리미로 열을 가해 밀랍을 제거하면 문양이 나타난다. 인도네시아의 바틱(Batik)을 대표로 들 수 있다.

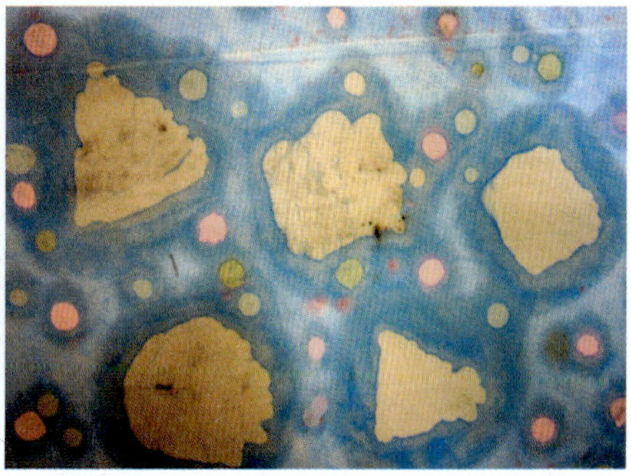

2) 교염(絞染, 홀치기염)

실이나 끈에 의한 방염염색 기법으로 방염 때 끈으로 매었던 부분에 융기된 입체감이 생긴다. 방법은 실이나 끈을 써서 홀쳐매는 법, 판이나 막대에 천을 밀어 넣어 묶는 법, 바느질을 하여 홀치는 법, 감아올리는 법이 있다.

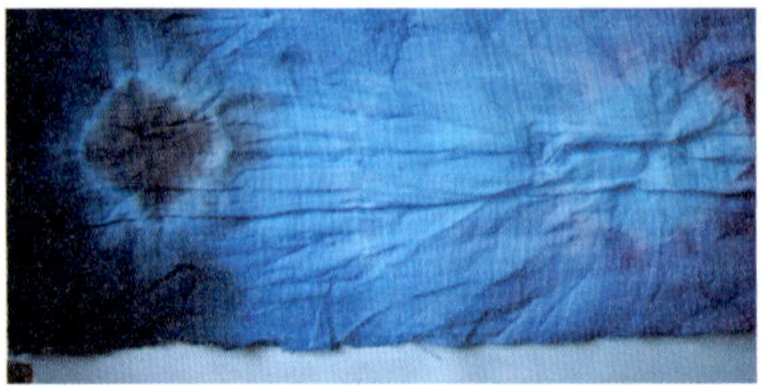

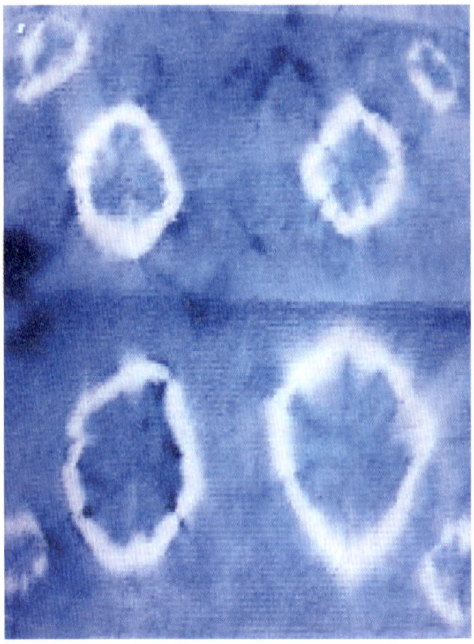

3) 날염(捺染)

판화 방법에 의한 염색으로 프린트염을 말한다.

4) 유염(流染 : marbling)

물과 기름이 섞이지 않은 원리를 이용한 물감으로, 물 표면의 움직임에 따라 변하는 유연한 무늬를 흡착시키는 방법이다.

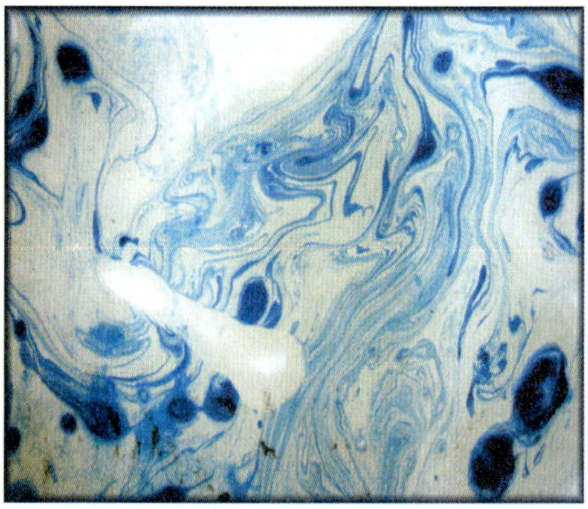

5) 무염(霧染, 분무염, 스프레이염)

종이나 자연물의 문양을 피염물 위에 놓고 염료를 안개같이 뿌리면 문양이 희게 남는다.

6) 호방염(糊防染, 일명 호염(糊染) 혹은 풀염)

풀을 사용해서 문양을 그리고 마르면 염색을 한 뒤에 호료를 제거하면 문양이 나타난다.

7) 전사염

염색용 색지(종이 전사지 : 종이에 염료를 칠한 것)를 이용하여 염색을 하는 방법이다. 염색용 색지는 모양이 그려져 있는 것을 이용하거나 스스로 모양을 만들어 사용할 수 있다.

염색할 티셔츠나 펠트지 컵받침을 준비한 후 염색용 색지의 염료가 칠해진 부분을 엎어 놓고 다리미로 눌러서 고열을 주면서 전사시켜 염색한다.

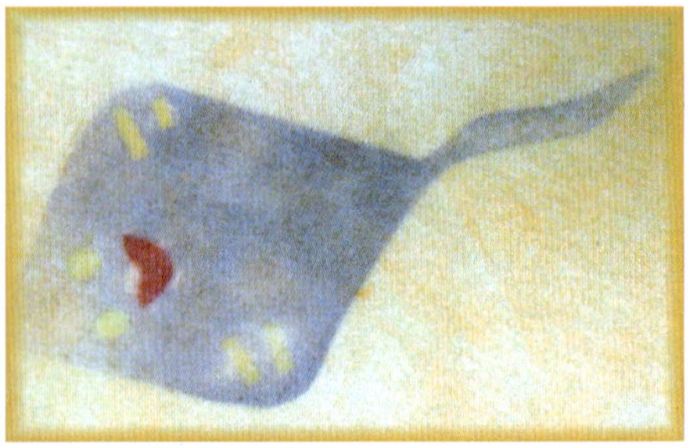

〈만드는 방법〉

① 염색용 색지의 뒷면에 원하는 모양을 그려 오린다.
② 종이에 배열하고 풀로 고정시킨다.
③ ②를 천이나 종이 위에 뒤집어서 놓은 후, 신문지나 종이를 덮는다.
④ 가장 높은 온도에서 예열된 다리미로 약 20초~30초 동안 힘껏 다려 준다.
⑤ 다 다린 후 1분 정도 열을 식힌다.
⑥ 천천히 종이를 떼어 낸다.

도자기에 전사하기 위해서는 세라믹 색종이를 사용한다. 세라믹 색종이는 물에 녹는 수용성 풀기가 코팅되어 있는 특수한 종이 위에 도자안료를 인쇄하고 그 위에 얇은 필름막을 입혀 만든 색종이이다. 찢거나 오려 디자인 한 후 전기 가마에서 750~830°C로 초벌온도에 소성한다(세라믹 종이는 초벌도자기가 아닌 재벌 도자기에 사용해야 함).

나. 염색 자원에 따른 염색법

1) 물감 염색

한지를 물감에 담갔다가 조심스럽게 펴서 말리는 것으로 한지를 접어 가위질을 해서 모양을 낸 후 물들여 말린다.

출처 : The complete book of art & crafts. pp. 36~37

2) 천연 염색

가) 천연 염료의 종류와 특성

천연 염색은 화학 염료를 사용하지 않고 숯, 황토, 치자, 쑥, 쪽, 홍화, 밤껍질, 소나무 껍질, 감 껍질 등의 천연 염료를 사용하여 식물성 옷감이나 동물성 옷감에 물을 들이는 것이다. 실크 옷감, 양모 등의 동물성 섬유는 염색이 매우 잘 되지만, 식물성 섬유는 스며들어 염착되는 속도가 느리고 조제처리가 필요하게 된다. 이때 색소와 잘 달라붙도록 매염제를 사용한다. 매염제는 잿물, 철장, 명반(백반)과 같은 천연 매염제와 철, 동, 알미늄, 알칼리와 같은 화학 매염제가 있다.

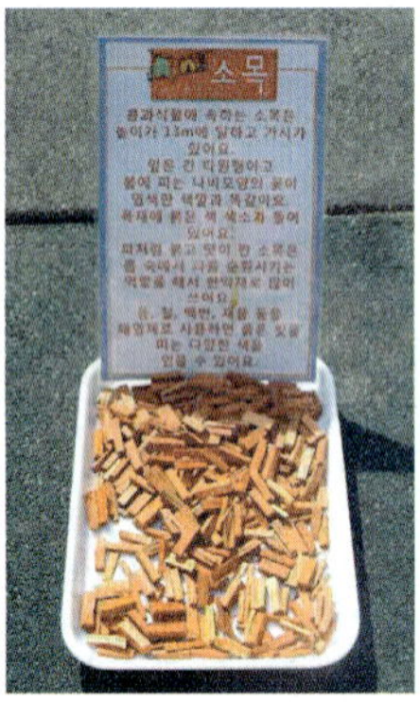

염료 : 소목
매염제 : 명반

염료 : 쑥
매염제 : 동

염료 : 숯
매염제 : 명반

염료 : 치자
매염제 : 명반

나) 천연 염색의 순서

① 천연염료를 준비한다.

② 손수건을 고무밴드로 군데군데 묶고 천연물감을 들인다.

③ 염료에 맞는 매염제에 담근다.

④ 손수건을 펼쳐서 넌다.

⑤ 손수건을 말린다.

9. 탈색하기

염색된 종이나 헝겊에 표백제(락스)로 그림을 그리면 표백 성질로 인해 표백제(락스)가 묻은 부분만 색깔이 빠지면서 그림이 나타나는 방법이다.

표백제 작업은 냄새가 많이 나기 때문에 향 락스를 사용하되 반드시 창문을 열고 해야 하며, 쏟아지거나 튀지 않도록 작은 병에 솜을 깔고 면봉이 젖을 수 있는 양만 붓는다.

유아들은 주로 면봉을 적셔 색 습자지나 셀로판지에 그림을 그린다.

가. 색습자지 탈색하기

〈 탈색 〉

〈 탈색과 꼴라주 〉

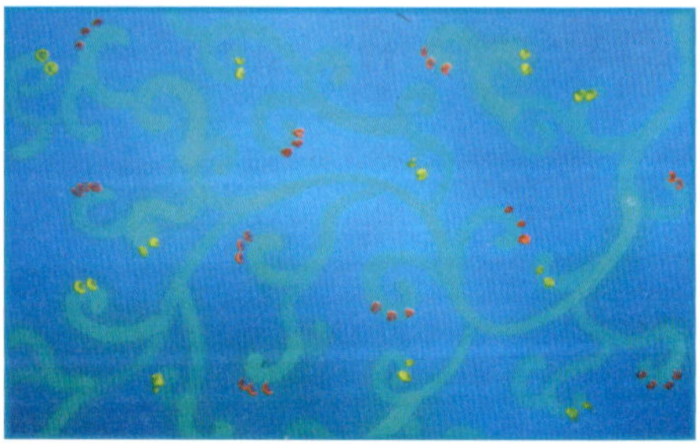

〈 탈색 후 면봉으로 물감 찍기 〉

나. 셀로판지 탈색하기

다. 헝겊 탈색하기

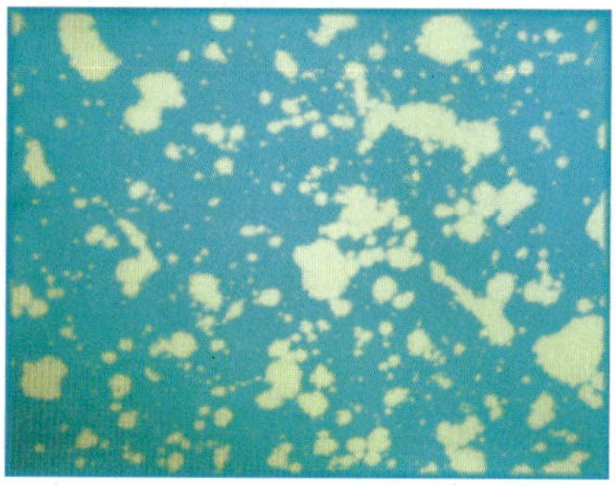

10. 직조

직조틀을 이용하거나 직조하기에 편리한 도구를 만들어 세로로 놓인 날실 사이로 가로 방향의 씨실을 한 칸 건너씩 끼워 짜는 기법이다.

〈 직조틀로 짠 털실 직조 〉

〈 리본테이프 직조 〉

〈 끈 직조 〉

〈 종이 직조 : 날실을 직선으로 〉

〈 종이 직조 : 씨실을 직선으로 〉

〈 종이 직조 : 씨실과 날실을 곡선으로 〉

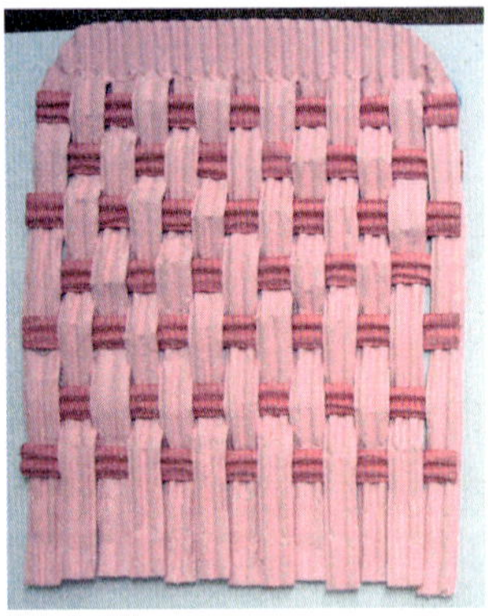
〈 종이(골판지) 직조 〉

〈 종이 직조 활용의 예〉

11. 콜라주(collage)

콜라주는 풀칠, 바르기 따위의 의미였으나, 전용되어 화면에 인쇄물 · 헝겊 · 쇠붙이 · 나무조각 · 모래 · 나뭇잎 · 곡식 · 털실 · 단추 등 여러 가지 이질적 재료를 붙여서 구성하는 회화기법을 말한다.

〈 강냉이 〉

〈 곡식 〉

〈 모루 · 털실 · 잡지 〉

〈 나뭇잎 〉

〈 사포와 지끈 〉

〈 색종이 · 신문 · 철망 〉

〈 실 〉

가. 모자이크

고대 건축미술의 일종으로 작은 조각(여러 가지 빛깔의 돌이나 유리, 금속, 조개껍질, 타일 등)들을 모아 일정한 형상을 표현하는 미술기법이다. 주로 벽화나 스테인드글라스에서 볼 수 있다. 요즘은 종교건축의 장식에 많이 사용된다. 유아들은 주로 색종이를 찢어 붙여서 작업을 한다.

나. 포토몽타주(photo montage)

사진을 잘라 합성하여 다는 사진으로 만드는 것으로 유아들의 상상력을 마음껏 발휘할 수 있는 활동이다.

다. 종이 디자인

다양한 종이류를 다양한 기법을 활용하여 그림을 그린다.

- 종이류 – 도화지, 색도화지, 색종이, 골판지, 주름지, 색상지, 머메이드지, 와트만지, 하드보드지, 로얄지, 한지
- 기법 – 접기, 구기기, 가위질과 칼집, 굴리기(원통, 원추, 컬)

〈 입체감을 살린 물고기에 종이를 말아 붙인 무지개 물고기 〉

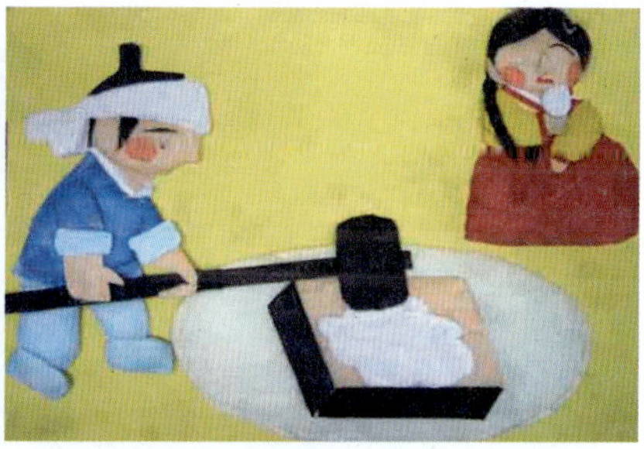

〈 솜을 한지로 싸서 입체감을 살린다. 〉

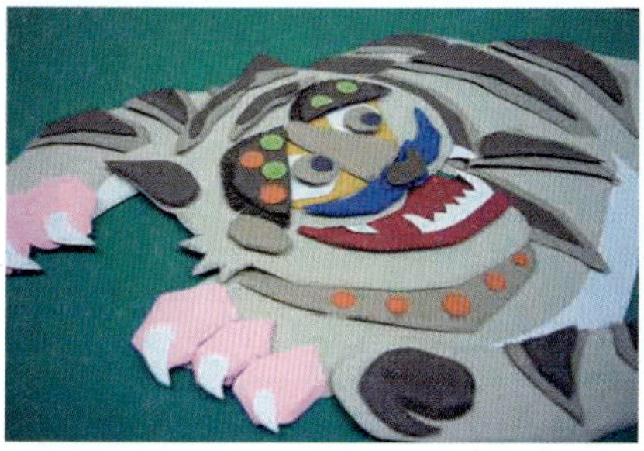

〈 색상지를 접어 입체감을 살린 호랑이 〉

〈 색종이를 찢어 붙인 고슴도치 〉

〈 한지로 찢어 붙인 백조 〉

〈 골판지와 색상지를 이용한 고래 〉

라. 가루 그림(색모래 그림)

1) 모래를 고정시키는 방법

〈 색모래 〉

그림에 물풀이나 목공본드를 바르고 그 위에 색모래나 일반 모래를 뿌려서 그림이 나타나게 하는 방법이다. 물풀에 뿌리면 마를 때 모래가 많이 떨어지나, 가위로 모양을 낸 양면테이프 위에 색모래를 뿌리고 살살 눌러준 후 남은 모래를 털어 주면 테이프에 붙은 모래도 잘 안 떨어지고 선도 분명하고 모래의 질감도 잘 나타난다. 목공본드를 이용하면 모래는 잘 고정되나 질감이 덜 나타난다. 모래 대신 가는 톱밥이나 크레파스 가루를 이용하기도 한다.

〈모래 그림 작업 용구〉

양념 통에 색모래를 넣고 뚜껑을 돌려 모래가 나오도록 한다. 사용 후 남은 모래는 작은 깔대기를 이용해 다시 병 속에 넣는다.

〈 목공풀로 선을 그리고 색모래 뿌리기 〉

〈 물풀에 색모래 뿌리기 〉

〈 양면테이프로 모양을 낸 뒤 색모래 뿌리기 〉

2) 색모래 쌓기

투명한 유리병에 색모래나 색소금을 층층이 쌓아 색모래 층을 만든다. 이쑤시개로 병 가장자리를 살짝 찌르면 물결무늬를 만들 수 있다.

마. 테이프 그림

각종 테이프를 이용해 선과 면의 분할 비율에 따른 미적 경험을 한다.

12. 가위질하기

일반 가위와 핑킹가위를 사용하며, 가위질 하는 위치에 따라 다양한 모양을 연출할 수 있다.

원형의 종이를 세 번 접어 아이스크림콘과 같이 되면 그림과 같이 가위질을 한 후 편다.

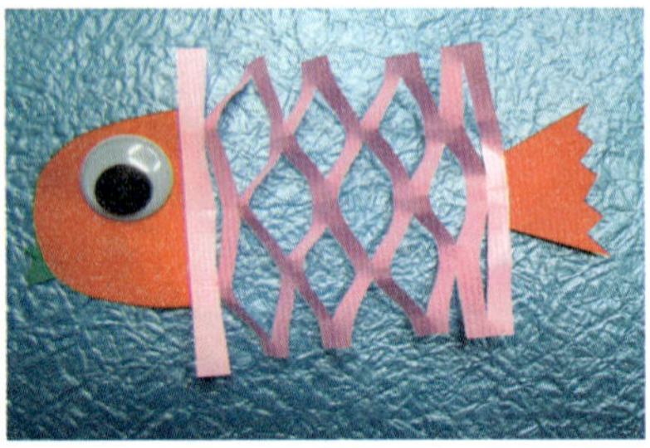

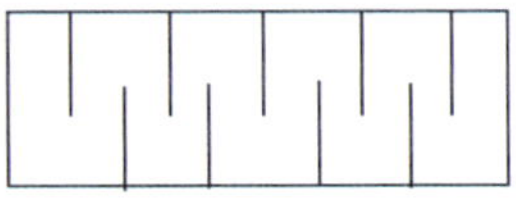

색종이를 같은 방향으로 두 번 접은 후 그림과 같이 가위질을 한 후 편다.

색종이를 반 접고 가위질을 한 후 펴서 풀칠을 한 후 장식한다.

도화지를 같은 간격으로 그림과 같이 접고 첫 번째 칸에 그림을 그린 후 가위질을 한다. 옆으로 펼치면 손에 손을 잡은 모양이 나온다. 접어지는 부분의 그림은 옆 칸의 그림과 연결이 되도록 그려야 가위질을 했을 때 그림이 떨어지지 않는다.

13. 감상하기

Brody(1988)는 미술활동이 표현 위주로만 이루어지고 있는 것에 대해 비판하면서 미술활동을 하기 위해서는 대상에 대한 미적 경험이 먼저 이루어져야 한다고 강조하였다. Barkan은 미술활동에서 제작활동, 즉 표현활동만 강조하는 것이 미술작품에 대한 이해와 평가능력을 길러 줄 수 있을 것인가에 대해 의문을 제기하면서 작품이 담고 있는 내용이 시각형태의 관계성 등을 읽고 이해할 수 있는 감각을 키우는 것이 미술학습의 핵심 목적이 되어야 한다고 주장하였다(노부자, 재인용, 1993). Eisner(1982)는 미적 구성에 대한 예민한 의식과 가치의 지각을 통해서 미술경험이나 미술표현을 평가하고 이해하는 일을 미술 감상이라고 했으며, 미적 경험은 감상활동과 같은 맥락으로 볼 수 있다(정미경, 1999).

감상활동에서는 나와 다른 친구의 작품 감상, 명화 감상, 감상 후 작품의 재구성 활동을 할 수 있다.

가. 명화 감상

시각적 사고력에 중점을 둔 교육과정(visual thinking curriculum)에서의 감상법(이쌍재, 1996. 재인용)에서는 다음과 같이 명화를 통한 활동을 한다.

① 그림에서 볼 수 있는 것들을 살펴보게 한다. 구체적으로 어떤 일이 벌어지고 있는지, 좀 더 설명할 수 있는지, 좀 더 전개할 수 있는지 그리고 모두 동의하는지를 살펴본다.

② 무엇이(어떠한 것이) 그렇게 보이게 하는지를 묘사해 보게 한다. 왜 그렇게 생각하는지, 어디에서 그러한 것들을 볼 수 있는지, 그러한 것들을 묘사해

볼 수 있는지, 그러한 것들은 무엇을 의미하는지, 좀 더 말할 수 있는지에 대해 알아본다.

③ 그 외에 어떠한 것들이 그렇게 보이게 하는지에 대해 살펴본다.

④ 타인의 생각을 들어 본다.

⑤ 작품 속의 인물을 중심으로 살펴본다. 의상, 자세, 표정, 제스처 등에서 무엇을 배울 수 있는지, 나이를 알 수 있는지, 그들의 성격을 추측할 수 있는지 등을 말해 본다.

⑥ 활동, 사건, 제스처 등 무엇을 하고 있는지 알아본다. 그림 속의 자세들은 어떤지, 왜 그러한지에 대해 이야기해 본다.

⑦ 장소나 배경에 대하여 논한다.

⑧ 시간이나 시대를 알아본다.

⑨ 작가가 장소, 인물 등을 통해 말하고자 하는 것을 알아본다.

⑩ 작가는 이런 작품을 왜 만들었다고 생각하는지, 미술과 일상생활과의 관계를 논한다.

나. 명화 재구성하기

명화 장면을 모방하여 재구성하는 방법과 등장인물이나 동물을 재배치하거나 추가하거나 배경을 바꿔 그리는 활동을 한다.

〈 이중섭의 '흰 소'(홍익대학교 박물관 소장)를 감상 후 모방하여 재구성한 그림 〉

제2장

생활주제에 따른 유아미술활동의 실제

1. 유치원과 친구
2. 나와 가족
3. 우리 동네
4. 동식물과 자연
5. 건강과 안전
6. 생활도구
7. 교통기관
8. 우리나라
9. 세계 여러 나라
10. 환경과 생활
11. 봄 · 여름 · 가을 · 겨울

1. 유치원과 친구

내 이름 꾸미기

활동목표

- 나와 친구의 이름에 관심을 갖는다.
- 다양한 재료의 특성을 알고 자유롭게 표현한다.

표현기법 콜라주

자료 및 용구

- 도입자료 : 이름표
- 활동자료
  - 도화지
  - 채색도구 : 크레파스
  - 꾸미기 자료 : 색종이, 뽕뽕이, 스팽글, 털실, 모루
  - 접착제 : 솔, 목공본드

활동방법

① 사물함이나 이름표에서 내 이름과 친구 이름을 찾아본다.

② 도화지에 크레파스로 내 이름을 크게 쓴다.

③ 솔을 이용해 내 이름 첫 자음 위에 목공본드를 바르고 꾸미기 자료를 붙인다. 색종이를 찢어 붙이거나 모루를 구부려 원하는 글자 모양을 만들어 붙인다.

④ 나머지 글자도 차례로 꾸민다.

유 의 점

- 한 번에 본드를 칠하면 작업 도중 옷에 묻을 수 있으니 자음과 모음 순으로 작업한다.

내 친구의 모습을 꾸며 보세요

활동목표

- 친구들의 옷과 생김새를 관찰하며 친구를 알아간다.
- 색종이를 원하는 곳에 붙이며 디자인할 수 있다.
- 풀의 양을 조절할 수 있다.

표현기법 색종이 콜라주

자료 및 용구

- 활동자료
  - 도화지, 색종이
  - 접착자료 : 풀

활동방법

① 친구들의 모습을 관찰한다.
- 무슨 색의 옷을 입었니?
- 어떤 모양의 단추가 달려 있니?
- 신발의 모양과 색은 어떠니?

② 친구들의 모습을 보며 활동을 시작한다.
- 친구들의 모습을 보며 색종이로 친구를 만든다.

유의점

- 활동이 끝난 후에는 손을 씻어서 풀을 제거한다.

친구 옷 꾸며 주기

활동목표

- 친구에게 관심을 가진다.
- 친구를 사랑하는 마음을 가진다.

표현기법 콜라주

자료 및 용구

- 도입자료 : 이름표, '미소' 노랫말판
- 활동자료
  - OHP 필름
  - 색연필
  - 꾸미기 자료 : 가위, 잡지, 얼굴 사진
  - 접착제 : 풀

활동방법

① 노래 '미소'를 함께 부르고 얼굴 표정에 대해 이야기한다.

② 친구들의 다양한 표정이 담긴 얼굴 사진에 친구의 옷을 꾸며 주는 활동을 한다.

- 책상에 풀이 묻지 않도록 신문지(깔개)를 깐다.
- 자신이 멋있게 꾸며 주고 싶은 친구의 사진을 고른다.
- 사진에서 얼굴 모양만 오려서 OHP 필름(투명 필름)에 붙인다.
- 잡지(인쇄물)에서 내 친구에게 어울리는 색깔의 멋진 옷이나 입혀 주고 싶은 옷을 오려서 붙인다.

- 다른 꾸미기 재료를 이용해 다양한 방법으로 꾸며 본다.

③ 활동을 마무리한다.

- 다시 사용할 수 있는 잡지, 사진, 꾸미기 자료를 모으고 나머지 조각들을 정리한다.

유 의 점

- OHP 필름에 붙이면 얼굴을 붙인 그림을 옷 그림에 직접 대고 크기를 확인하며 작업할 수 있다.

확장활동

- 여러 친구들의 모습을 유리창에 붙여 전시하여 그 효과를 높일 수 있다.

친구에게 팔찌를 선물해요

활동목표

- 선물을 정성스럽게 만든다.
- 재활용품을 다양하게 사용한다.

표현기법 그리기

자료 및 용구

- 활동자료
  - 종이컵, 솔
  - 채색도구 : 사인펜, 색연필, 유성매직
  - 꾸미기 자료 : 색종이, 리본테이프
  - 접착제 : 목공본드

활동방법

① 출석판이나 사물함에서 나와 친구의 사진과 이름을 찾아본다.

② 유아가 각자 자신이 함께 만들기를 하고 싶은 친구를 짝으로 정한다.

③ 각자 짝을 이루었으면 종이컵 밑부분에 친구의 이름이나 얼굴 모습, 친구에게 선물하고 싶은 시계그림 등을 그려 넣고 색종이나 꾸미기 재료를 가지고 꾸민다.

④ 다 꾸민 팔찌는 펀치로 구멍을 뚫고 리본을 묶어 친구 팔목에 채워 준다.

유 의 점

- 종이컵은 안전상의 이유로 교사가 미리 잘라 놓는다.

확장활동

- 유아들의 손목에 차거나 펀치로 뚫은 구멍에 리본을 엮어 유아들의 작품을 천장이나 창문 등에 전시할 수 있다.

나는 미용사

활동목표

- 자아인식을 발달시킨다.
- 팔과 손가락을 움직여 근육 발달을 돕는다.
- 다양한 촉감을 경험한다.

표현기법 핑거페인팅

자료 및 용구

- 활동자료
  - 도화지, 색종이
  - 채색도구 : 크레파스
  - 밀가루 풀(밀가루, 식용색소), 핑거페인트
  - 타월, 물수건

활동방법

① 비닐을 책상에 깐다.
② 도화지에 이름을 쓴다.
③ 종이 하단에 얼굴을 그리고 밀가루 풀을 얼굴 상단에 올려놓는다.
④ 팔과 손가락을 이용해 밀가루 풀(핑거페인트)을 문질러 다양한 모양의 머리카락 무늬를 만든다.

유 의 점

- 밑그림 위에 OHP 필름을 놓고 작업을 하면 다양한 헤어스타일을 시도할 수 있다.
- 밀가루 풀이 마르면서 그림이 우그러들 수 있으므로 우드락이나 골판지 상자 위에 핀으로 고정시켜 말리는 것이 좋다.
- 옷에 묻히지 않고 작업하거나 작업 후 묻어 있는 풀을 손쉽게 씻기 위해서 따뜻한 날씨에 실외에서 할 수 있도록 준비한다.

숨어있는 친구의 얼굴 그리기

활동목표

- 친구의 생김새와 그 특징에 대해 관심을 갖고 탐색해 본다.
- 친구에 대해 친근감을 느낀다.
- 주어진 재료를 이용하여 친구의 얼굴을 그리고 창의적으로 꾸며 본다.

표현기법 부분그림 완성하기

자료 및 용구

- 활동자료
  - 꽃모양 색지, 친구의 얼굴 반쪽 만 붙어 있는 카드, 이름표 카드
  - 채색도구 : 크레파스, 색연필, 사인펜
  - 꾸미기 자료 : 빨대, 종이컵, 스팽글, 구슬
  - 접착자료 : 셀로판테이프

활동방법

① 친구의 얼굴 특징을 탐색한다.

② 부분그림 그리기 활동을 한다.
- 원하는 색상의 꽃모양 색지와 자신이 그리고 싶은 친구의 반쪽 얼굴 사진을 선택한다.
- 다양한 그리기 도구를 사용해서 친구의 얼굴 사진 반쪽을 그려 완성한다.
- 다 그린 얼굴 그림은 꽃모양 색지 가운데에 풀칠하여 붙인다.
- 이름표에 자신의 이름을 쓰고, 사진의 주인공인 친구의 이름을 쓴다.
- 이름표를 꽃모양 색지 뒷장에 붙인다.

- 각종 꾸미기 재료로 예쁘게 꾸민다.

③ 작품 위에 펀치로 구멍을 뚫어 리본이나 노끈 등으로 엮어 유아의 시선이 머무는 창문이나 문에 잘 보이도록 달아 놓는다.

확장활동

- 꽃모양 색지 밑부분에 연두색이나 초록색 계통의 모루나 빨대를 잘라 붙여 종이컵을 이용한 화분에 꽂아 전시를 위한 꽃밭을 만든다.

무지개 물고기

활동목표

- 자신의 소중한 것을 친구와 나눌 때의 기쁨을 안다.
- 바다에서 사는 생물의 이름을 안다.
- CD에 다양한 디자인의 물고기 비늘을 그려 넣을 수 있다.

표현기법 그리기

자료 및 용구

- 도입자료 : 동화 '무지개 물고기', 바닷속 생물의 그림과 동영상
- 활동자료
  - cd(재활용품)
  - 채색도구 : 유성 사인펜, 매직

활동방법

① 동화 '무지개 물고기'를 들려준다.

② 물고기 생김새(아가미, 비늘, 지느러미)에 대해 이야기한다.

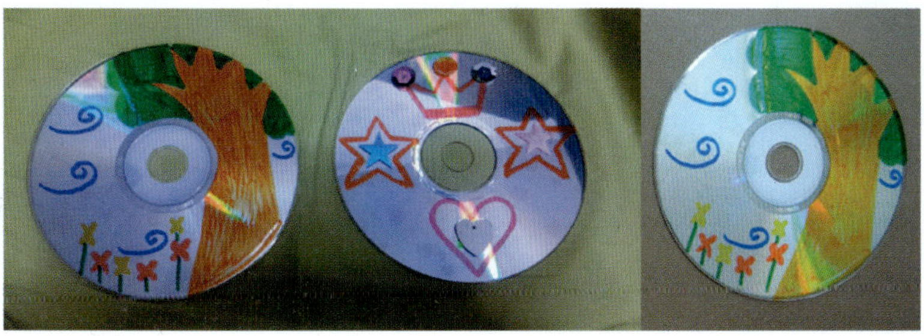

③ CD에 비늘을 그리는 활동을 한다.

④ CD를 끼울 수 있게 만든 커다란 물고기 비늘 지갑에 끼워 전시한다.

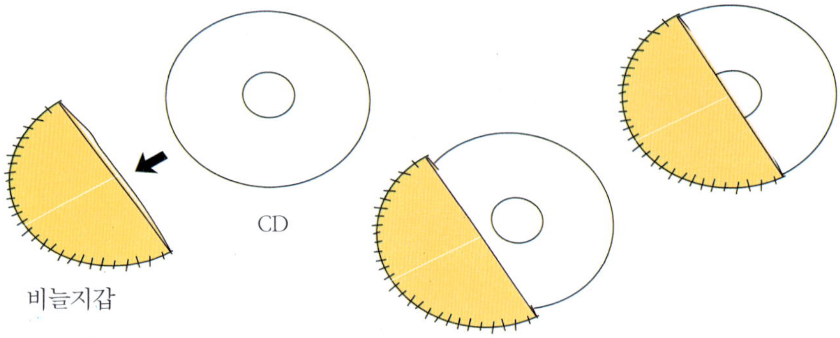

유 의 점

- 비늘 지갑에서 CD가 빠지지 않도록 왼쪽 방향으로 기울여야 한다.

확장활동

- 집에 가져갈 때는 게시판에서 떼어 낸 CD에 물고기 입과 꼬리지느러미를 달아 작은 물고기를 만든다.

친구와 돌려 그리기

활동목표

- 친구를 이해하며 그림을 그린다.
- 친구와 협력하여 그림을 완성한다.

표현기법 그리기

자료 및 용구

- 활동자료
  - 도화지(8절지)
  - 채색도구 : 크레파스, 색연필, 사인펜

활동방법

① 4명의 유아가 도화지 한 장씩 나누어 가진다.

② 자신이 그리고 싶은 그림을 도화지에 그린다.

③ 자신의 도화지는 오른쪽에 있는 사람에게 돌리고 왼쪽에서 온 다른 사람의 도화지에 추가해서 그림을 그린다.

④ 자신의 도화지가 돌아올 때까지 반복하며 완성한다.

"친구와 돌려 그리기"

2. 나와 가족

옷 만들기

활동목표

- 눈과 손의 협응력 및 소근육 발달을 돕는다.
- 집중력과 창의성 발달을 돕는다.

표현기법 구슬 굴리기

자료 및 용구

- 도입자료 : 계절에 따라 달라지는 옷차림이 나타나는 그림 자료
- 활동자료
  - 도화지
  - 채색도구 : 그림물감
  - 작업용구 : 다양한 크기의 구슬, 스푼, 물감 접시, 쟁반, 가위, 풀

활동방법

① 그림 자료를 보고 계절에 따라 옷의 재질과 디자인이 달라지는 것에 대해 이야기한다.
② 깡통 안에 구슬을 넣어 흔들어서 소리를 들려주며 재료에 대해 이야기한다.
③ 구슬을 이용해서 무엇을 할 수 있을까 탐색한다.
④ 구슬 굴리기 작업을 한다.

- 쟁반에 도화지를 놓는다.
- 스푼으로 물감이 묻은 구슬을 떠서 도화지 위에 올려놓는다.
- 쟁반을 움직여 물감 묻은 구슬의 흔적을 만든다.

⑤ 완성된 그림을 말리고 원하는 옷 모양으로 자른다.

확장활동

- 사람 인형을 만들고 구슬 굴리기로 만든 옷을 입힌다.
- 한지 염색, 안개뿌리기, 비눗방울 터트리기, 테이프로 그리기 기법을 이용해 옷을 만든다.

〈 비눗방울 터트리기 〉

〈 한지 염색 〉

〈 안개 뿌리기 기법 〉

〈 테이프 그림 〉

자화상 그리기

활동목표

- 다른 사람의 모습을 보고 특징을 찾는다.
- 인식한 것을 표현하는 능력을 발달시킨다.
- 내 얼굴을 그릴 수 있다.

표현기법 탈색하기

자료 및 용구

- 도입자료 : '자화상'을 그린 명화
- 활동자료
  - 색셀로판지, 색습자지
  - 작업용구 : 면봉, 종이컵, 표백제(락스)

활동방법

① '자화상'을 그린 명화를 보며 표정이나 재질, 크기, 형태 등에 관해 이야기한다.

② 거울을 보고 자신의 얼굴을 탐색한다.

③ 탈색 기법을 이용하여 내 얼굴을 그린다.

- 신문지를 깐다.
- 종이컵에 휴지나 탈지면을 넣고 젖을 정도로만 표백제(락스)를 붓는다.
- 면봉을 종이컵에 넣어 락스를 묻힌 후 색습자지에 얼굴을 그린다.

유의점

- 표백제(락스)는 향이 강하지 않은 것을 사용하고 날씨가 춥지 않은 날 창문을 열고 활동한다.

확장활동

- 다양한 방법으로 자화상을 그린다,

연필과 색연필로 그리기

거울 모양의 알루미늄 호일에
얼굴 그리기

프로타주기법으로 얼굴
베껴내기

내가 좋아하는 동물

활동목표

- 같은 그림을 여러 장 찍을 수 있는 판화의 특성을 안다.
- 우드락을 눌러 무늬를 만들 수 있다.

표현기법 판화(우드락 탁본)

자료 및 용구

- 활동자료
  - 화선지
  - 먹물
  - 작업용구 : 우드락, 우드락을 눌러 그림을 그릴 수 있는 도구(예 : 볼펜, 샤프, 연필), 먹물패드(접시에 탈지면을 깔고 먹물이 흐르지 않을 정도로 붓는다), 탁본봉(탈지면을 뭉친 후 가제 수건을 싸고 나무젓가락을 끼운다)

밑그림을 따라 우드락에 홈을 파낸다.

우드락에 화선지를 대고 탁본봉으로 두드려 그림이 나타나게 한다.

먹물패드와 탁본봉

활동방법

① 내가 좋아하는 동물의 특징에 대해 생각한다.

② 탁본기법을 이용하여 그림그리기를 한다.

- 책상에 신문지나 깔개를 덮는다.
- 우드락에 내가 좋아하는 동물의 밑그림을 그린다.
- 볼펜이나 샤프, 연필 등의 뾰족한 부분을 이용해 우드락의 밑그림을 꾹꾹 눌러 홈을 만든다.
- 우드락에 화선지를 씌우고 움직이지 않도록 뒷면을 셀로테이프로 고정한다.
- 탁본봉을 먹물 패드에 찍어 먹물을 묻힌 후 신문지에 대고 농도가 맞을 때까지 톡톡 두드린다.
- 적당한 농도가 나오면 우드락에 붙인 화선지를 탁본봉으로 톡톡 두드려 그림이 나타나게 한다.

③ 화선지를 떼고 우드락에 새겨진 그림과 탁본을 통해 나온 그림을 비교한다(좌우가 바뀌지 않는다).

확장활동

- 홈을 판 우드락에 직접 물감을 발라 판화기법으로 찍어 내어 그림의 좌우가 바뀐 모양을 관찰한다.

그림을 파내어 형태를 만든 후 판에 물감을 발라 찍는다.

〈 그림의 선을 눌러 형태를 만든 후 판에 물감을 발라 찍는다 〉.

바느질을 해요

활동목표

- 눈과 손의 협응력을 발달시킨다.
- 형태 개념을 발달시킨다.
- 바느질의 기본 기술을 익힌다.

표현기법 바느질

자료 및 용구

- 노래 '저 실 바늘을 따라'를 부른다.

  저 실 바늘을 따라
  저 실 바늘을 따라
  안과 밖을 누비며
  내 예쁜 옷 만들어 줍니다.

- 활동자료
  - 바느질을 할 수 있는 다양한 형태의 그림본(우드락이나 하드보드지를 다양한 형태로 오리고 가장자리에 구멍을 낸다.)
  - 끈(끈의 한쪽 끝에는 테이프를 감고, 다른 쪽 끝은 매듭을 지어 놓는다.)
  - 테이프, 송곳

활동방법

① 다양한 형태의 그림본 중 원하는 본을 선택한다.
② 그림본에 끈을 끼워 바느질을 한다.

③ 완성한 그림본을 감상한다.

확장활동

- 끈 끼우기에 익숙해지면 돗바늘과 실을 준비해 준다.
- 바느질이 익숙해지면 한 바퀴 바느질을 더해서 실이 안으로 들어간 부분도 밖에서도 보이게 박음질 모양이 나오게 한다.

옷을 짜요

활동목표

- 눈과 손의 협응력을 발달시킨다.
- 바느질의 기본 기술을 익힌다.
- 미적 감각을 기른다.

표현기법 직조

자료 및 용구

- 활동자료
  - 바지나 상의 모양의 꽃무늬 색종이(날실로 사용하기 위해 세로로 칼집을 낸다.)
  - 씨실로 사용할 꽃무늬 색종이 띠
  - 풀

활동방법

① 세로로 칼집을 낸 꽃무늬 색종이에 색종이 띠를 엇갈려 끼워 직조를 한다.
② 빨랫줄을 만들어 유아들의 작품을 하나하나 매달아 전시한다.

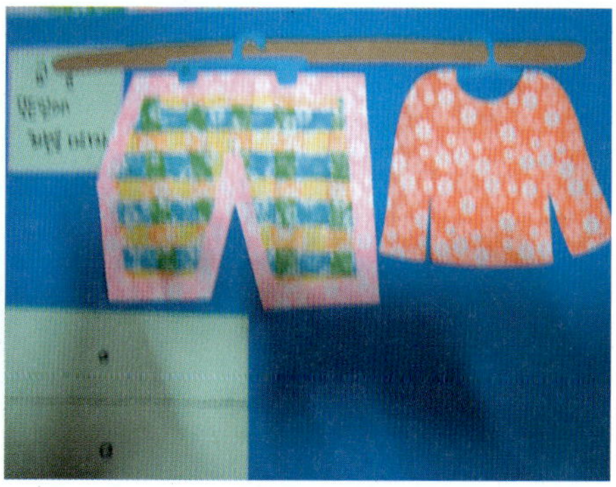

확장활동

- 망사 천에 빵 줄이나 털실을 끼우며 직조할 수도 있다.
- 세로로 칼집을 낼 때 직선 대신 물결무늬 곡선으로 내어 준다.

나의 몸을 완성해요

활동목표

- 자신의 신체를 이해한다.
- 그림의 비어 있는 부분그림을 보고 전체를 연상하여 그린다.
- 형태 및 색깔 개념을 발달시킨다.

표현기법 부분그림 완성하기

자료 및 용구

- 도입자료 : 우리 신체의 명칭과 기능을 알리는 사진
- 활동자료
  - 도화지, 신체 사진
  - 채색도구 : 연필, 크레파스
  - 작업용구 : 가위

활동방법

① 신체에 관한 이야기를 나눈다.
② 신체에 대한 사진을 오린다.
③ 잡지, 그림, 사진을 세로로 적당한 간격(1㎝ 정도)을 두고 자른다.
④ 한 칸씩 걸러 가며 도화지에 붙이고 비어 있는 부분을 색연필이나 크레파스로 완성한다.

유의점

- 너무 좁은 간격으로 자르지 않아야 한다.

나의 절규

활동목표

- 나의 감정에 대해 긍정적인 마음을 갖는다.
- 나의 감정을 얼굴 표정으로 표현할 수 있음을 안다.

표현기법 명화 재구성

자료 및 용구

- 도입자료 : 뭉크의 〈절규〉 사진자료, 〈절규〉의 수수께끼 퍼즐조각
- 활동자료
  - 도화지
  - 그림물감, 색연필, 크레파스

활동방법

① 명화 뭉크의 〈절규〉를 수수께끼 퍼즐조각으로 떼어 내며 주의 집중을 한다.

② 〈절규〉 사진을 감상한다.

③ 두려움을 느꼈었던 나의 경험에 대해 함께 이야기 나눈 후 그림으로 표현한다.

확장활동

- '나의 절규' 로 콜라주 활동을 한다.
  - 명화 〈뭉크-절규〉를 보고 나의 절규하는 표정의 사진을 찍는다.
  - 도화지에 작품 '절규'의 밑그림을 그린다.
  - 밑그림 위에 크레파스로 선을 따라 그린다.
  - 크레파스 위에 물감을 칠한다(반발성 기법).
  - 내가 절규하는 사진을 잘라 붙여 콜라주 작품을 만든다.

- 뭉크의 〈절규〉 감상 후 사포를 이용해 크레파스 그림 다림질하기 활동을 한다.

내가 꾸민 얼굴

활동목표

- 나의 감정을 얼굴 표정으로 표현할 수 있음을 안다.
- 다양한 재료를 활용하여 얼굴 표정을 꾸밀 수 있다.

표현기법 과자로 꾸미기

자료 및 용구

- 도입자료 : 감정을 표현한 사진, 동요 '미소'
- 활동자료
  - 거울, 뻥튀기, 여러 가지 모양의 과자, 조청, 그릇, 쟁반, 숟가락

활동방법

① 동요 '미소'를 부른 후 감정을 표현한 사진을 감상한다.
② 거울을 통해 자신의 얼굴을 탐색하며 나의 감정에 관해 이야기를 나눈다.
③ 과자로 얼굴 꾸미기 활동을 한다.
  - 웃는(슬픈, 화난) 얼굴을 과자로 어떻게 만들면 좋을까?
  - 눈, 코, 입 등은 어떤 과자로 만들면 좋을까?
  - 조청을 숟가락으로 떠서 과자를 붙여 얼굴 표정을 만든다.
④ 완성한 작품을 사진으로 촬영한다.
⑤ 과자로 만든 얼굴 표정을 찍은 사진을 벽면에 게시하여 감상한다.

유 의 점

- 자신의 생각을 표현할 수 있도록 다양한 모양과 크기, 색의 과자를 준비한다.
- 과자로 만든 얼굴 표정이 흐트러질 수 있으므로 잼이나 올리고당을 이용하여 과자를 고정한다.
- 활동 후 과자를 먹는 활동으로 연계할 경우 위생에 유의하여 지도한다.

확장활동

- 같은 표정으로 꾸민 사진끼리 분류하고 특징에 관해 이야기한다.

3. 우리 동네

우리 동네에 밤이 왔어요

활동목표

- 우리 동네에 관심을 갖는다.
- 색의 다양함을 안다.

표현기법 스크래치 기법

자료 및 용구

- 활동자료
  - 도화지
  - 채색도구 : 크레파스
  - 작업용구 : 크레파스를 긁을 수 있는 다양한 두께의 모형(나무젓가락, 이쑤시게), 클립

활동방법

① 밤이 되었을 때의 우리 동네 모습을 생각한다.

② 스크래치 작업을 한다.

- 신문지나 작업 깔개 위에 도화지를 올려놓는다.
- 크레파스로 여러 색을 골고루 칠한다.
- 검은색 크레파스로 덧칠을 한다.

- 덧칠된 종이에 나무젓가락으로 긁어서 우리 동네를 표현한다.

유의점

- 검정색 크레파스가 손이나 옷에 잘 묻어나기 때문에 앞치마와 토시를 착용한다.
- 크레파스를 칠하고 검은색까지 칠하는 시간이 오래 걸리므로 작업시간에 제한을 두기보다는 시간이 될 때 계속할 수 있게 한다.
- 어린 유아들은 검은색이 칠해져 있는 상품을 이용할 수 있다.

우리 동네 안내도

활동목표

- 우리 동네에 있는 시설들을 안다.
- 우리 동네에 있는 시설들의 위치를 알고 배치할 수 있다.

표현기법 그리기와 콜라주

자료 및 용구

- 도입자료 : 우리 동네를 둘러보며 찍은 영상이나 사진
- 활동자료
  - 도화지, 모조지, 잡지, 신문
  - 채색도구 : 사인펜, 크레파스
  - 작업용구 : 가위, 풀

활동방법

① 우리 동네를 둘러보며 찍은 영상이나 사진을 보며 우리 동네를 회상한다.

② 조별로 모여 우리 동네 꾸미기 활동을 한다.
- 도화지나 모조지에 도로를 먼저 그린다.
- 신문이나 잡지에서 그림을 오려 원하는 위치에 붙인다.
- 원하는 시설의 그림이 없을 경우는 사인펜이나 크레파스를 이용해 그려 넣는다.

③ 다른 조의 그림을 보며 감상한다.

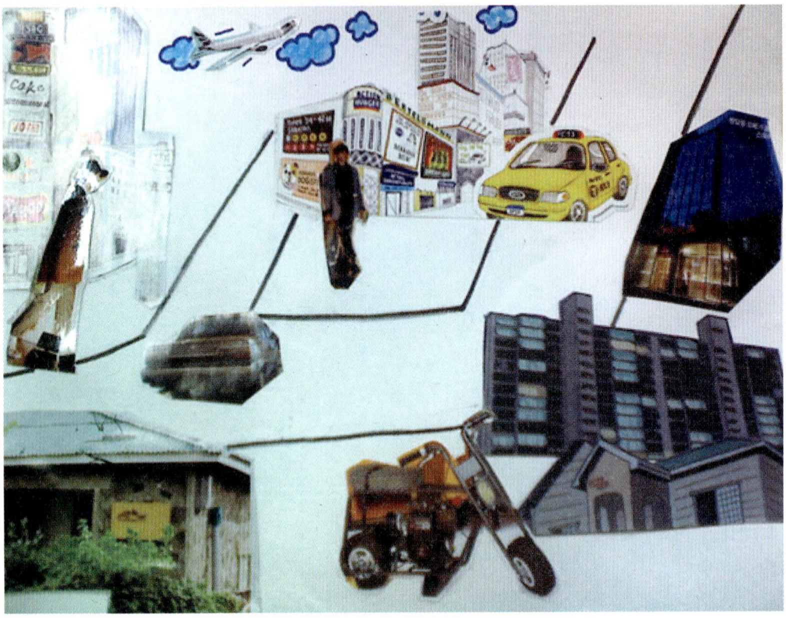

확장활동

- 동네에 있는 중요한 기관들을 알아보고 그 기관들이 우리에게 어떠한 도움을 주는지 알아본다.

우리 동네 그리기

활동목표

- 사포와 종이에 그렸을 때의 질감과 분위기 차이를 느낀다.
- 열에 의한 크레파스의 변화 및 색의 혼합을 경험한다.

표현기법 크레파스 그림 다림질하기

자료 및 용구

- 도입자료 : 우리 동네를 견학하며 찍은 사진
- 활동자료
  - 사포, 화선지, 신문지
  - 크레파스
  - 작업용구 : 다리미

활동방법

① 우리 동네를 견학하며 찍은 사진을 보며 이야기 나눈다.
② 사포 위에 우리 동네를 크레파스로 그린다.
③ 사포 그림 위에 화선지를 올리고 신문지를 덮는다.
④ 그 위를 다리미로 다린다.
⑤ 그림의 좌우가 대칭으로 나온 것을 확인한다.

유의점

- 다리미 온도는 낮게 고정시키며, 다림질은 정해진 장소에서 교사의 관리 하에 사용한다.

우리 동네 잔칫상

활동목표

- 소근육 발달을 돕는다.
- 크레파스로 그린 부분은 물에 젖지 않는 것을 안다.
- 잔치 음식을 안다.

표현기법 반발성 기법

자료 및 용구

- 도입자료 : 전통혼례 사진, 잔칫상 그림
- 활동자료
  - 접시 모양의 도화지
  - 채색도구 : 그림물감, 크레파스

활동방법

① 잔칫상이나 손님상에 올리는 음식의 이름을 안다.
② 접시모양의 도화지에 크레파스로 손님에게 대접하고 싶은 음식을 그린다.
③ 다양한 색의 그림물감으로 접시를 칠해 반발성 기법으로 음식이 나타나게 한다.

확장활동

- 음식의 모양과 크기에 맞게 그릇을 표현한다.

어른이 되면 내가 사는 동네에서 하고 싶은 일

활동목표

- 우리를 돕는 기관을 안다.
- 생활을 편리하게 하는 직업을 안다.
- 다양한 방법으로 사람을 만들 수 있다.

표현기법 우리 동네 그리기 및 인형 만들기

자료 및 용구

- 도입자료 : 마크가 그려져 있는 경찰서, 우체국, 병원 사진
- 활동자료
  - 만들기와 꾸미기 자료 : 골판지, 모루, 노끈, 글루건, 순간접착제, 목공용 풀, 가위, 뽕뽕이, 털실, 자석, 눈알, 크레파스, 도화지

활동방법

① 어른이 되면 우리 동네에서 내가 하고 싶은 일에 대해 이야기한다.

② 우리 동네 꾸미기 활동을 한다.

- 도로가 그려진 전지를 자석 칠판에 붙인다.
- 우리 동네에 있는 시설 및 기관을 건물을 그리고 마을에 배치한다.

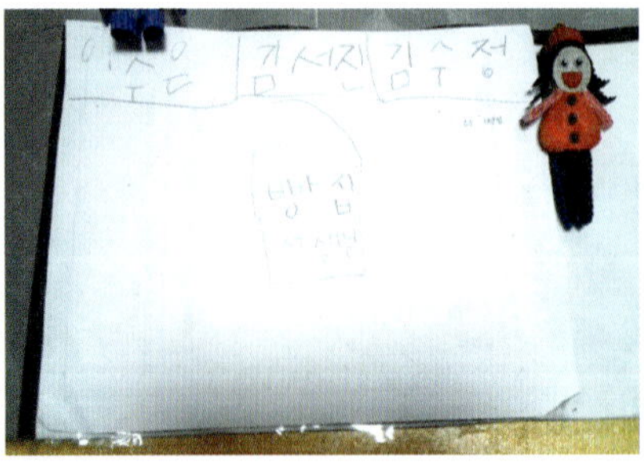

빵집

대형마트

- 다양한 재료(노끈, 골판지, 모루)로 사람 인형을 만들고 뒤에 자석을 붙인다.

- 어른이 되서 하고 싶은 직업을 나타내는 시설이나 기관 옆에 인형을 붙인다.

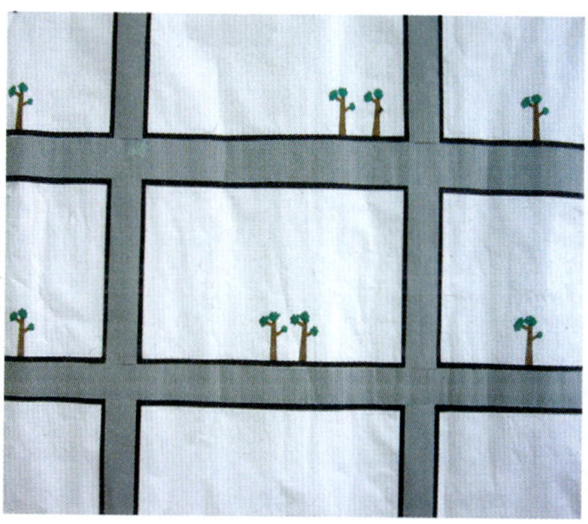

확장활동

- 어느 직업에 인형이 많이 모여 있는지 비교한다.

4. 동식물과 자연

물고기 비늘 꾸미기

활동목표

- 눈과 손의 협응력 및 소근육 발달을 돕는다.
- 규칙적인 패턴을 이해한다.

표현기법 직조

자료 및 용구

- 도입자료 : 다양한 형태와 색깔의 물고기 그림
- 활동자료
  - 물고기 모양의 색지, 골판지 띠, 색종이 띠, 눈알
  - 색연필, 사인펜
  - 작업용구 : 가위, 풀

활동방법

① 물고기 그림을 보며 물고기의 종류와 생김새, 색깔에 대해 이야기한다.

② 색지에 물고기 모양을 인쇄하고 세로로 미리 직조할 수 있도록 교사가 미리 칼집을 낸다.

③ 물고기 비늘을 직조로 표현하는 활동을 한다.

- 물고기 모양이 프린트되어 있는 다양한 색지 중에서 원하는 색지를 고른다.
- 물고기 모양을 오려 낸다.
- 골판지나 색종이 띠를 이용해 직조를 한다.
- 직조 후 띠의 끝부분을 풀칠하여 빠지지 않게 한다.
- 색연필이나 사인펜으로 지느러미를 그리고 눈알을 붙인다.

④ 커다란 어항 모양을 꾸며 원하는 자리에 유아들이 직조한 물고기들을 스스로 붙인다.

유의점

- 색종이 띠 보다는 골판지 띠가 힘이 있어 작업하기가 수월하다.
- 직조를 할 때에는 종이가 끊어지지 않도록 주의한다.

확장활동

- 다양한 방법과 디자인으로 물에서 사는 생물을 만들어 본다.

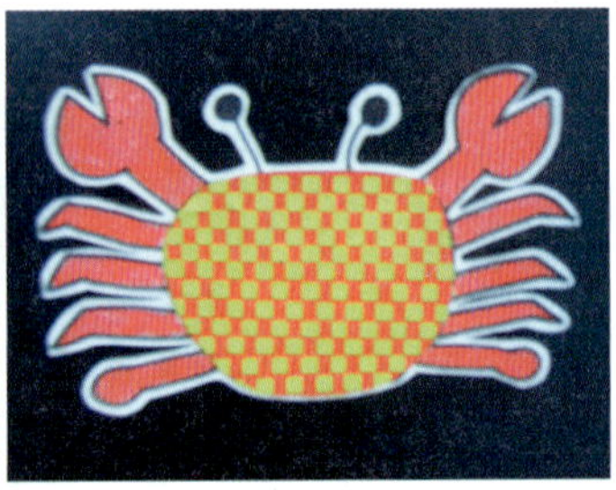

〈 색종이 직조 〉

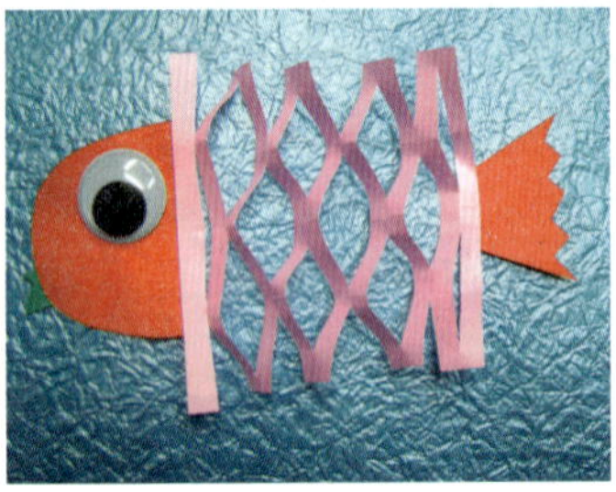

가위질 : 종이를 접어 가위질을 한 후 펴서 종이에 붙인다.

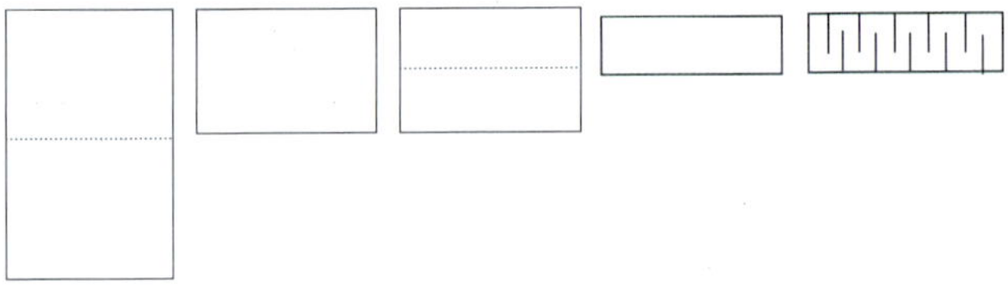

만들기: 양말 속에 솜을 넣어 만든다.

그리기: 아세테이트지 2장에 유성매직으로 그리고 사이에 다양한 재료를 넣는다.

〈 색종이 콜라주 · 모자이크 〉

〈 계란껍질 콜라주 〉

만들기: 플라스틱 용기를 재활용하여 은종이, 금종이를 잘라 붙이고 속에 다양한 재료를 넣는다.

동물의 얼굴 찍고 몸 그리기

활동목표

- 물감의 양을 조절할 수 있다.
- 형태를 보고 동물을 연상할 수 있다.

표현기법 스텐실

자료 및 용구

- 도입자료 : 동물들의 그림 자료
- 활동자료
  - 도화지
  - 채색도구 : 아크릴물감, 유성매직
  - 작업용구 : 스텐실 봉(스탬프), 물감접시, 동물의 얼굴이 오려진 OHP 필름

활동방법

① 그림 자료를 보며 동물들의 생긴 모습에 대해 이야기한다.

② 스텐실 기법을 활용한 활동을 한다.

- 동물의 머리 모양이 오려진 OHP 필름을 준비한다.
- 도화지 뒤에 이름을 쓴다.
- 도화지 위에 머리 모양의 구멍이 뚫린 필름을 올려놓는다.
- 스펀지로 두드리기 전에 OHP 필름이 움직이지 않도록 테이프로 도화지 위를 고정한다.
- 물감을 묻힌 스펀지를 두드려 색을 칠한 후 필름을 다시 떼어 낸다.

③ 잘 말린 후 어떤 동물일지 상상하여 유성매직으로 몸체와 꼬리, 얼굴의 특징을 살려 그린다.

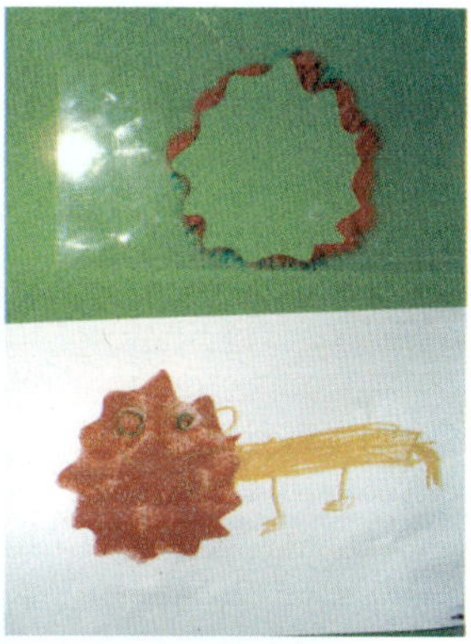

즐거운 팬더

활동목표

- 같은 패턴이나 사진이 변화되는 효과를 관찰하게 한다.
- 연상을 통해 형태를 연결할 수 있다.

표현기법 부분그림 완성하기(확대)

자료 및 용구

- 도입자료 : 동물의 그림이 있는 컴퓨터 모니터
- 활동자료
  - 도화지
  - 색연필, 볼펜, 가위
  - 작업용구 : 동물이 있는 잡지나 그림, 가위, 자, 풀

활동방법

① 모니터의 동물 그림을 옆으로 늘려 확대한 그림을 본다.

② 부분그림 완성하기(확대) 활동을 한다.

- 동물의 그림(잡지)을 준비한다.
- 자를 대고 볼펜을 이용해 원하는 넓이로 나누어 그린다.
- 가위로 그림을 나눈다.
- 도화지에 원하는 넓이로 간격을 두고 나누어 붙인다.
- 색연필을 이용하여 그림이 없는 부분을 채워서 그린다.

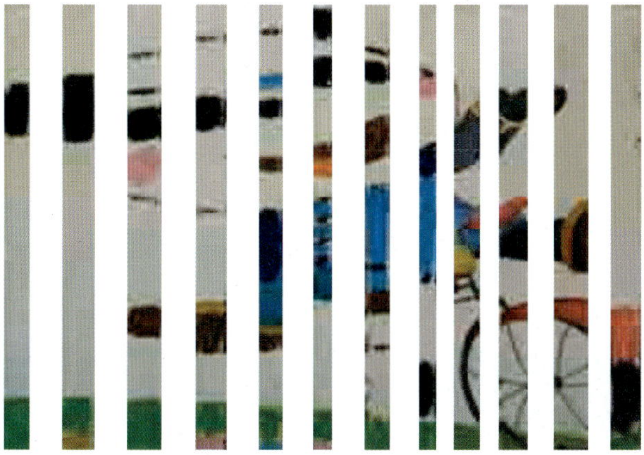

③ 가로로 확대된 그림을 본다.

확장활동

- 세로로도 확대해 본다.

소라게의 거품 집 만들기

활동목표

- 색의 아름다움을 즐긴다.
- 비누거품을 만든다.
- 공생관계에 대하여 안다.

표현기법 거품 찍기

자료 및 용구

- 도입자료 : 공생관계에 있는 동물(악어와 악어새, 말미잘과 소라게)의 그림 및 영상
- 활동자료
  - 도화지
  - 그림물감
  - 작업용구 : 컵, 세제, 붓, 빨대, 풀, 가위

활동방법

① 공생관계에 있는 동물에 대해 이야기를 나눈다.

② 소라게가 짊어진 고동의 모습을 거품을 이용해서 표현하는 활동을 한다.
- 컵에 물감을 풀고, 세제를 넣는다.
- 빨대로 불어서 거품을 낸다.
- 거품이 컵 위로 올라오면 종이에 거품을 찍어 낸다.
- 말린 후 소라게에 올릴 집 모양을 오려 붙인다.

확장활동

- 비누거품을 이용한 다양한 그림을 그린다.

민화 속 동물

활동목표

- 민화를 감상할 수 있다.
- 민화 속 동물의 상징적인 의미를 알 수 있다.
- 민화 속 동물을 표현할 수 있다.
- 색풀의 특성을 알 수 있다.

표현기법 색풀그림

자료 및 용구

- 도입자료 : 다양한 주제의 민화
- 활동자료
  - 민화 그림(15x20cm), 셀로판지(15x20cm), 도화지
  - 채색도구 : 색풀
  - 작업용구 : 클립

활동방법

① 이야기 나누기 시간에 민화 속 동물과 식물에 대해 이야기를 한다.

민화는 조선 후기에는 이름 없는 화가들이 서민들을 위해 그린 그림으로 소박하고 익살스러운 그림이 많다. 자연과 생활 주변에서 볼 수 있는 산과 물, 돌, 꽃, 채소와 과일, 새, 물고기, 가축 등을 주요 소재로 하였다.

- 장수를 기원하는 민화 : 십장생도
- 집안의 풍요와 부부의 화목을 바라는 마음을 담은 민화 : 화조도
- 복을 기원하는 민화 : 복을 부르는 새(까치)

- 잡귀를 쫓아 내는 동물(호랑이),
- 길한 일이 많이 생기는 새(봉황)
- 출세를 기원하는 민화 : 잉어가 뛰어오르는 그림(등용문 상징)
- 건강과 풍요를 나타내는 민화 : 물고기 그림
- 어린이들을 교화하기 위해 만든 민화 : 문자도(효(孝)나 충(忠)과 같은 글자를 아주 아름답게 장식해서 써서 걸어 놓는 것-혁필화)

② 색풀로 민화그리기 활동을 한다.

- 깔판을 깐다.
- 준비된 그림과 셀로판지를 유아에게 나누어 준다(작호도 그림을 셀로판지 아래에 놓고 클립으로 고정시켜 준비한다).
- 교사가 색풀을 나누어 준다.
- 유아가 자리에 앉아서 색풀로 셀로판지에 민화 그림을 따라 그린다.

③ 완성한 후 작품을 창가에 두고 말린다.

http://terms.naver.com/entry.nhn?cid=3111&docId=1569380&categoryId=3447
한국데이터베이스 진흥원

여우와 포도밭

활동목표

- 우화의 의미를 안다.
- 여름철 과일에 대해 안다.
- 나만의 포도를 만든다.

표현기법 비눗방울 터트리기

자료 및 용구

- 도입자료 : 우화 '여우와 포도밭'
- 활동자료
  - 도화지
  - 그림물감
  - 작업용구 : 비눗방울 액체, 빨대

활동방법

① 우화 '여우와 포도밭'을 들려준다.

② 비눗방울 터트리기 작업을 한다.
- 신문지를 깔고 물을 닦을 수 있는 휴지와 걸레를 준비한다.
- 그릇에 보라색이나 초록색 물감을 풀고 물과 세제를 섞어 빨대를 넣고 불어서 거품을 낸다.
- 뒤에 이름을 쓰고 종이 위에 비눗방울을 분다.
- 비눗방울을 터트려 무늬를 만든 후 잘 말린다.

③ 비눗방울 무늬 속에서 포도송이를 잘 나타내는 부분을 오려 낸 후 링을 달아 게시판에 건다.

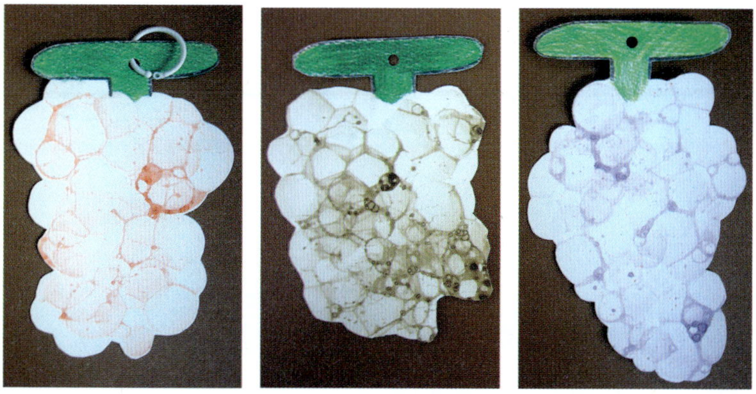

④ 포도넝쿨 아래 여우가 있는 게시판에 비눗방울 포도 그림을 건다.

유 의 점

- 빨대를 불 때 들이마시지 않도록 주의한다.

바다에서 사는 동물

활동목표

- 바다에서 사는 동물의 종류를 안다.
- 다양한 방법으로 물고기를 꾸민다.

표현기법 꾸미기

자료 및 용구

- 도입자료 : 바닷속에 사는 생물들의 사진
- 활동자료
  - 도화지, 색종이, OHP 필름, 비닐봉투, PET병 자른 것
  - 접착용구 : 셀로테이프, 풀, 목공본드

활동방법

① 바다에서 사는 동물에 대해 이야기한다.

② 다양한 방법을 이용해 바다 생물(물고기, 낙지) 만들기와 꾸미기를 한다.

- 비닐봉투에 솜을 넣고 한지로 꼬리를 붙여 물고기를 만든다.
- PET병을 둥그렇게 자른 후 색종이 띠를 반으로 접어서 붙인 물고기를 만든다.
- 종이 모자이크로 물고기를 만든다.
- 각종 꾸미기 자료(스팡클)로 물고기를 만든다.
- 풍선과 모루를 이용해 낙지를 만든다.

〈 OHP 필름에 유성매직으로 그리고 꾸민 물고기 〉

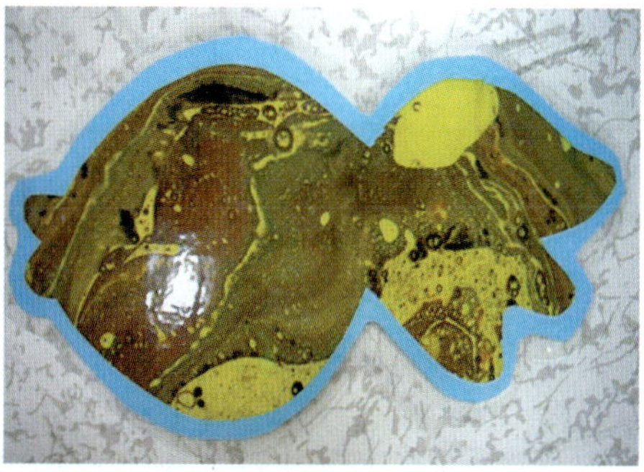

〈 마블링 기법으로 만든 물고기 〉

〈 풍선과 모루를 이용한 낙지 〉

③ 낚싯배가 떠있는 게시판에 유아들이 자신의 작품을 전시한다.

확장활동

- 손바닥 찍기로 게를 만들어 창가에 붙인다.

- 동화 '으뜸헤엄이'를 듣고 OHP 필름에 그림물감으로 그리거나 찍기를 한 후 창문에 붙인다.

• 아세테이트지 위에 물감으로 파도를 그리고 유아들의 작품(바다에서 사는 생물의 그림)을 오려 붙인다.

무지개 물고기 만들기 (비늘 부채)

활동목표

- 동화를 읽고 물고기에 관심을 가진다.
- 다양한 꾸미기 기법으로 부채를 만든다.
- 자신의 소중한 것을 나누어 줄 때의 기쁨을 안다.
- 자신 만의 기법으로 부채를 만든다.

표현기법 그리기, 찍기, 물감 흘리기 등 다양한 기법

자료 및 용구

- 도입자료 : 동화 '무지개 물고기'
- 활동자료
  - 비늘 모양 두꺼운 도화지 2장, 색도화지
  - 그림물감 및 물감 용구
  - 나무젓가락

활동방법

① 동화 '무지개 물고기'를 들려준다.

② 물고기 생김새(아가미, 비늘, 지느러미)에 대해 이야기한다.

③ 부채로 비늘을 만드는 활동을 한다.

- 비늘 모양의 색도화지에 다양한 작업(찍기, 구슬굴리기, 직조, 불기 등)을 하여 무늬를 만든다.
- 또 다른 비늘 모양의 두꺼운 도화지를 맞대고 나무젓가락을 끼워 부채를 만든다.

- 색테이프로 부채 둘레를 감싼다.

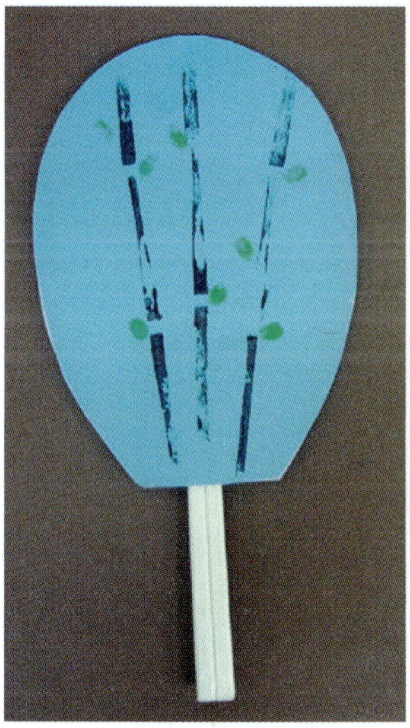

④ 비늘 사이사이에 부채를 끼워 넣을 수 있도록 부직포를 덧댄 게시판에 부채를 끼워 커다란 물고기의 비늘을 만든다.

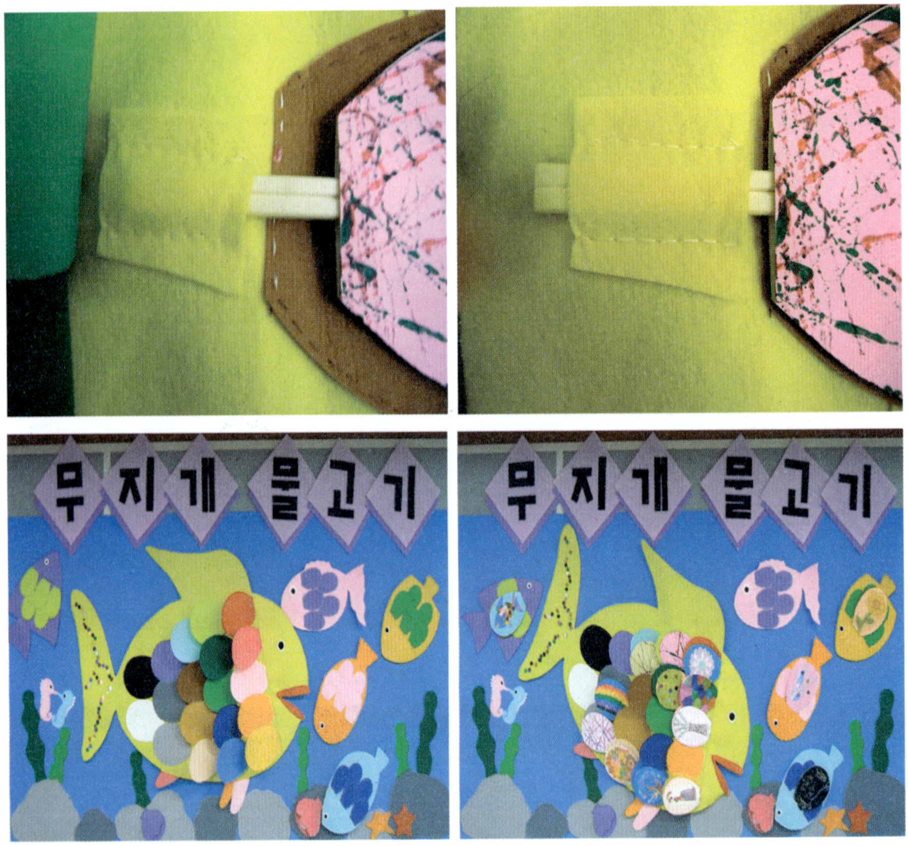

〈 비늘부채를 끼우기 전의 게시판 〉

〈 비늘부채를 끼워 놓은 후의 게시판 〉

유 의 점

- 비늘부채가 무게로 인해 떨어지지 않도록 커다란 물고기를 사선 방향으로 붙인다.

확장활동

- 물고기의 비늘을 나눠 받을 수 있도록 작은 물고기를 만든다.

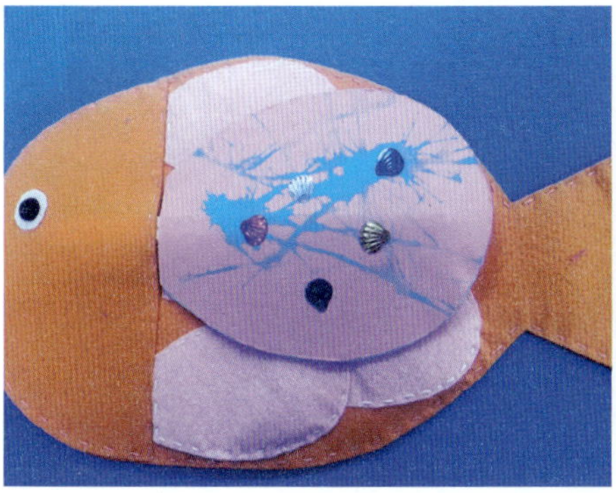

공작새 깃털 꾸미기

활동목표

- 공작새는 알을 낳는 동물임을 안다.
- 새는 수컷이 더 화려함을 안다.
- 다양한 재료를 이용하여 깃털을 꾸밀 수 있다.

표현기법 콜라주

자료 및 용구

- 도입자료 : 공작새가 깃털을 펴는 동영상 자료, 그림 자료
- 활동자료
  - 깃털 모양의 도화지
  - 각종 테이프류(마스킹테이프, 셀로판테이프, 양면테이프)
  - 꾸미기 자료(털실, 셀로판지)

활동방법

① 동영상과 사진 자료를 보며 공작새 깃털의 특징을 살핀다.

② 테이프를 이용한 그림그리기 활동을 한다.

- 양면테이프가 붙어 있는 깃털모양의 도화지를 나눠 갖는다.
- 양면테이프의 한쪽을 떼어 낸다.
- 양면테이프를 떼어 낸 면에 다양한 자료를 붙인다.
- 고리를 걸 수 있도록 아일렛툴을 이용해 구멍을 만든다.

털실과 색셀로판지, 빨대 등을 붙여 다양한 모양을 낸다.

③ 공작새 모양의 게시판에 링을 이용해 깃털을 건다.

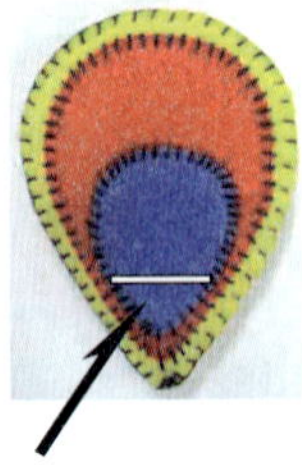

그림을 걸 수 있도록 낚싯줄로 꿰매 놓는다.

유의점

- 장식이 되지 않은 부분에 양면테이프의 끈끈이로 그림이 손상될 경우에는 OHP 필름으로 덮는다.

확장활동

- 다른 방법으로 공작새를 표현한다.

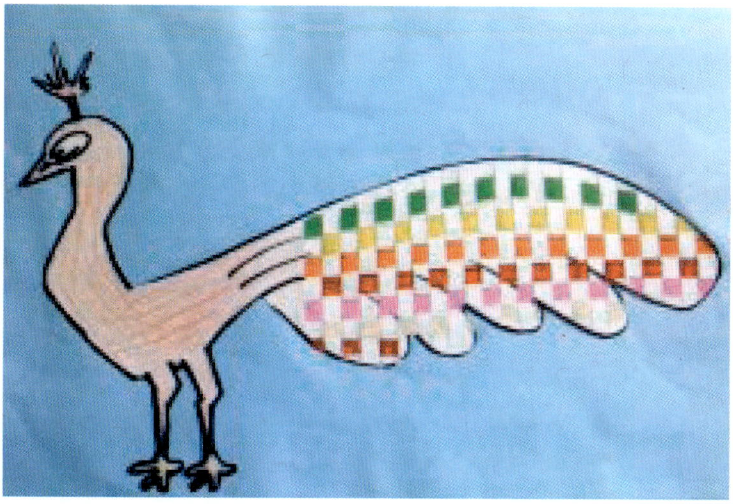

우리 함께 사자를 만들어요

활동목표

- 사자의 생김새를 안다.
- 여럿이 모여 하나의 그림을 완성하는 기쁨을 안다.

표현기법 모자이크(협동화)

자료 및 용구

- 도입자료 : 사자 그림
- 활동자료
  - 켄트지 전지
  - 채색도구 : 크레파스

활동방법

① 사자의 생김새에 대해 이야기한다.

② 협동화 그리기 활동을 한다.

- 켄트지 전지에 사자를 그린다.
- 가위로 조각을 내고 한 장씩 나누어 갖는다.
- 크레파스로 각자 색칠을 한다.

③ 그림 조각을 맞춰 전시한다.

확장활동

- 사자의 얼굴본에 일회용 커피 봉투를 이용해 콜라주 기법으로 사자의 얼굴을 만든다.

토끼 얼굴 접기

활동목표

- 접기 책의 순서에 따라 접는 순서를 이해하고 토끼 얼굴을 접을 수 있다.
- 손가락의 힘을 조절한다.

표현기법 접기

자료 및 용구

- 도입자료 : 토끼의 사진
- 활동자료
  - 도화지
  - 접기 책
  - 작업용구 : 색종이, 풀

활동방법

① 토끼 생김새의 특징에 대해 이야기한다.
② 접기 책의 순서에 따라 접는다.
③ 토끼의 얼굴이 완성되면 도화지에 붙이고 몸을 그린다.

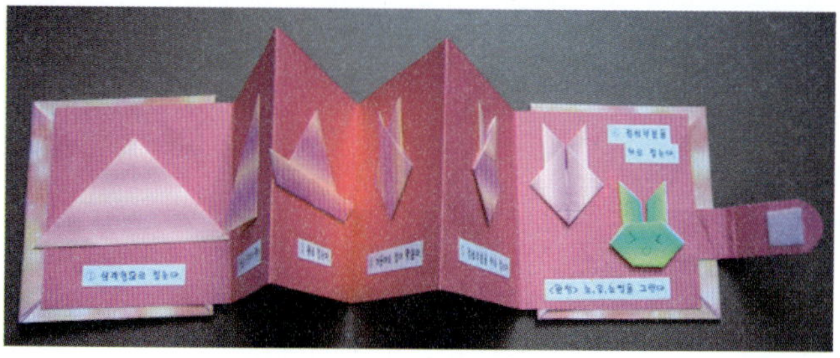

확장활동

• 색종이를 접어 동물원을 꾸민다.

5. 건강과 안전

축구하는 모습 만들기

활동목표

- 여러 가지 재료를 이용하여 창의적으로 표현한다.
- 축구에 대해 관심을 가진다.

표현기법 사람 만들기와 꾸미기

자료 및 용구

- 도입자료 : 축구하는 선수의 모습이 있는 사진
- 활동자료
  - 꾸미기 자료 : 매직, 리본, 색종이, 요구르트병, 모루, 동그란 스티로폼공
  - 작업용구 : 목공본드, 글루건, 양면테이프, 셀로테이프

활동방법

① 축구 선수들의 사진을 보며 축구 경기에 대해 이야기 나눈다.

② 축구 선수 만들기 활동을 한다.

- 활동과 재료를 소개한다.
- 요구르트병과 스티로폼공, 모루, 여러 가지 재료를 이용하여 축구선수 인형을 만들고 꾸민다.

유 의 점

- 어떤 역할의 축구 선수를 만들 것인지 미리 정하고 만들도록 한다.
- 목공본드 사용에 주의를 한다.

확장활동

- 축구장 모형 게시판에 낚싯줄을 연결해 전시한다.
- 축구 이외의 운동에 관한 궁금 목록을 적어 보는 활동을 한다.

내 몸의 뼈

활동목표

- 표백제(락스)의 특성(살균, 악취 제거, 표백)을 안다.
- 몸 속의 뼈 모습을 그린다.

표현기법 탈색 기법

자료 및 용구

- 활동자료
  - 색한지, 셀로판지
  - 작업용구 : 면봉, 풀, 가위, 종이컵, 휴지(락스컵: 종이컵에 휴지를 깔고 휴지가 젖을 만큼만 락스를 부어 쏟아지지 않게 준비한다.)

활동방법

① 뼈의 기능에 대해 이야기한 후 x-ray 사진을 본다.

② 탈색 활동을 한다.

- 책상에 비닐을 깔고 신문지를 올려놓는다.
- 락스컵과 면봉을 준비한다.
- 면봉을 락스컵에 찍어 적신다.
- 색한지나 셀로판지에 면봉으로 내 몸 속의 뼈를 상상하며 그림을 그린다.
- 잘 말린다.

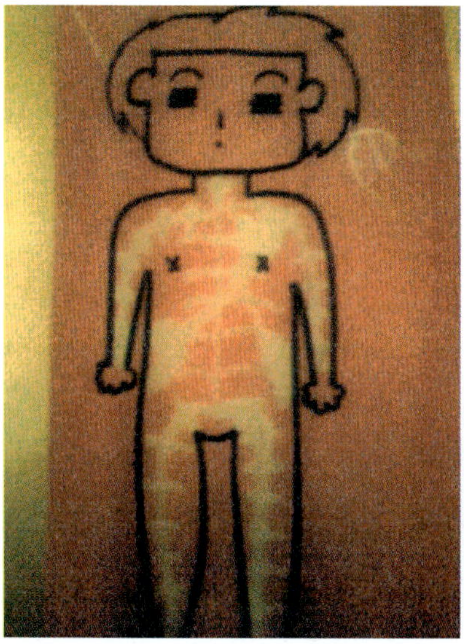

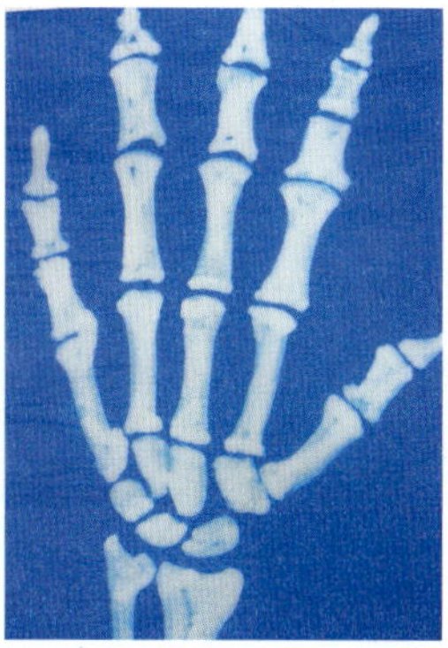

유 의 점

- 락스가 다른 곳에 묻지 않도록 조심한다.
- 락스 냄새가 많이 나므로 작업을 하기 전에 창문을 연다.

달팽이

활동목표

- 손과 팔의 근육 활동을 통해 정서적 안정감을 가진다.
- 여러 가지 색깔을 통해 색감을 키울 수 있다.
- 밀가루가 풀로 변하는 과정을 안다.

표현기법 핑거페인팅

자료 및 용구

- 활동자료
  - 달팽이 몸을 붙일 도화지, 전지, 신문지
  - 작업용구 : 비닐, 핑거페인트, 밀가루, 물감(식용색소), 주걱, 휴대용 가스레인지, 냄비, 밀가루 풀(냄비에 식용색소를 넣고 밀가루 풀을 쑨다.)

활동방법

① 밀가루로 풀을 쑤어 식힌다.
- 밀가루를 만지며 탐색한다.
- 밀가루에 물감(식용색소)을 섞어 약한 불에 풀을 쑤면서 밀가루가 반고체 상태로 변하는 과정을 본다.

② 핑거페인팅 작업을 한다.
- 책상에 비닐을 깔고 화지(도화지나 전지)를 올려놓는다.
- 물풀을 4~5명이 모여 있는 소그룹의 전지나 도화지에 한 덩어리씩 올려 준다.
- 밀가루 풀의 촉감을 느끼며 핑거페인팅을 한다.

- 그림이 뒤틀리지 않게 말린 후 달팽이 모양이 잘 나타난 부분을 오려내어 달팽이 몸 위에 올려놓는다.

유 의 점

- 풀이 옷에 묻지 않도록 작업복을 입힌다.
- 작업 후 바로 수도에서 씻으면 풀 덩어리로 인해 세면대가 막힐 수 있으므로 손에 묻은 풀은 티슈로 닦은 후 손을 씻도록 한다.

확장활동

- 풀을 도화지에 올려놓고 페인팅을 하는 방법 외에도 책상에 비닐을 깔고 밀가루풀로 마음껏 핑거페인팅을 한 후 원하는 부분을 도화지로 찍어 내는 방법도 있다.

비누거품에 손씻기

활동목표

- 손씻기의 중요함을 인식한다.
- 깨끗이 손씻는 방법을 이해한다.
- 거품을 이용해 그림을 그린다.

표현기법 거품 찍기

자료 및 용구

- 도입자료 : 손 인형(유아용 면장갑), 손씻는 순서 카드

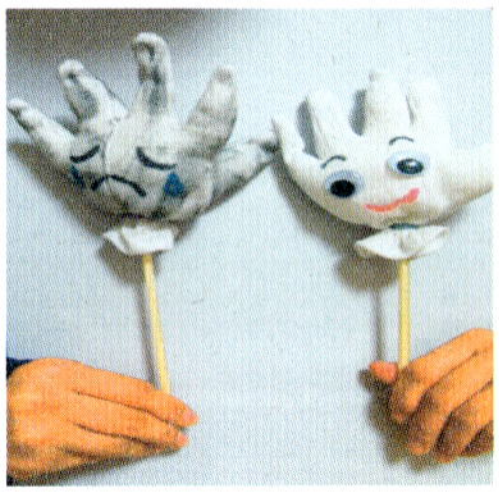

〈 손 인형 〉

- 활동자료
  - 도화지
  - 그림물감, 매직펜
  - 작업용구 : 빨대, 거품컵(물감을 풀어 놓은 물에 세제를 넣어 거품을 낸다.)

활동방법

① 깨끗한 손이 되려면 어떻게 해야 할지 손 인형을 이용해 이야기한다.
② 손씻는 순서 카드를 이용해 깨끗하게 손씻는 방법을 안다.
③ 거품그림 활동을 한다.

- 도화지 위에 대고 매직펜을 이용해 손의 모양을 그린다.
- 빨대를 이용해 거품 컵에 거품을 낸다.
- 손을 그린 도화지를 거품에 찍어 말린다.

④ 게시판에 전시한다.

유의점

- 유아가 빨대로 거품을 불 때 세제를 먹지 않도록 주의한다.

확장활동

- 순서도를 화장실에 붙여 놓고 유아들이 계속해서 접할 수 있도록 한다.
- 거품그림을 다른 그림에도 이용한다.

손을 이용해 공작새 찍기

활동목표

- 손을 이용해 다양한 찍기 경험을 갖는다.
- 찍기의 형태를 이용해 공작새를 그린다.
- 다양한 형태를 구성한다.

표현기법 신체 찍기

자료 및 용구

- 활동자료
  - 도화지
  - 크레파스, 사인펜
  - 작업용구 : 그림물감 작업용구(물통, 붓, 파레트, 그림물감), 물감패드(접시에 그림물감을 풀고 스펀지나 휴지를 깔아 쏟아지지 않게 한다.)

활동방법

① 뒷면에 이름을 쓴다.
② 손바닥으로 물감을 찍어 종이 위에 다양한 방법으로 찍는다.
  - 손가락을 쫙 펴고 찍으면 어떤 모양이 될까?
  - 오므리고 찍으면 어떤 모양이 될까?
  - 손등으로 한번 찍어 보면 어떨까?
  - 주먹을 쥐고 옆면으로 찍어 보면 어떨까?
③ 공작새 찍기를 한다.
④ 손바닥 찍기를 한 후 크레파스나 사인펜을 이용하여 꾸며 준다.

유의점

- 물을 쏟을 때에는 바로 닦을 수 있는 스펀지나 걸레를 준비한다.
- 물감의 농도를 적절하게 맞추어 준다.

확장활동

- 손바닥이나 손가락으로 공작새 외의 다른 형태를 만들어 본다.

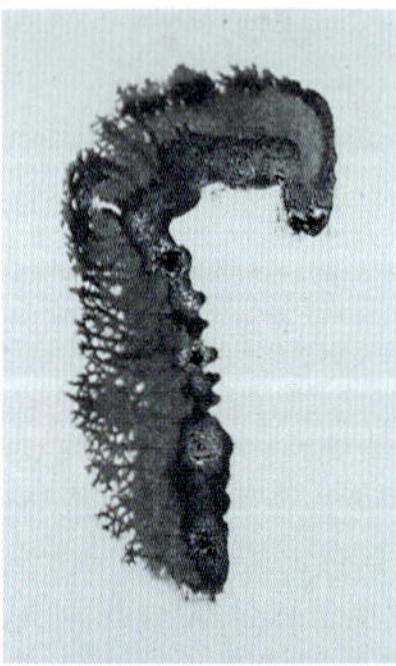

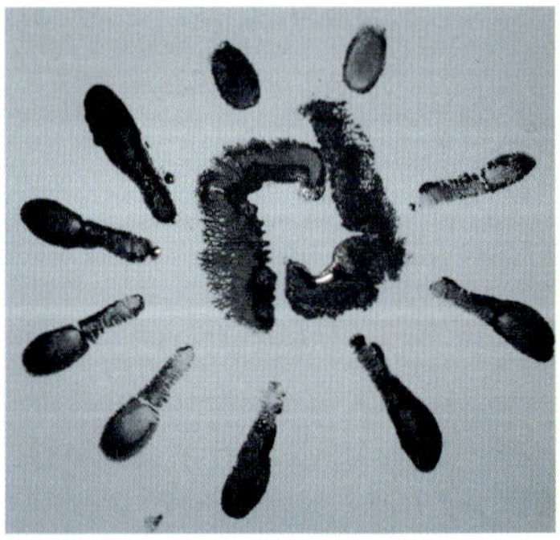

6. 생활도구

가방을 짜요

활동목표

- 손과 눈의 협응 및 소근육의 발달을 돕는다.
- 직조하는 방법을 생각해 본다.
- 규칙적인 패턴을 이해한다.

표현기법 직조

자료 및 용구

- 도입자료 : 다양한 천과 바구니
- 활동자료
  - 세로로 칼집을 낸 바구니가 그려진 바탕지, 다양한 굵기의 색상지 띠
  - 작업용구 : 풀

활동방법

① 다양한 천과 바구니 탐색하기

② 바구니 짜기

- 바탕지에 한 칸 걸러서 색지 띠를 끼워 넣는다.
- 종이 이외의 다양한 띠(털실, 비닐)도 끼워 넣는다.
- 띠가 움직이지 않도록 바구니 모양의 가장자리에 있는 띠를 가위로 정리하

고 풀을 붙인다.

③ 각도를 달리하면서 띠를 넣어 다른 디자인을 만든다.

유의점

- 유아들이 세로로 칼집을 내는 것은 위험하므로 교사가 미리 칼집을 내 준다.

칫솔이 그림을 만들어요.

활동목표

- 다양한 감각 및 소근육 발달을 돕는다.
- 칫솔을 이용해 안개뿌리기 표현을 한다.
- 여러 가지 도구에 대해 알아본다.

표현기법 안개뿌리기 기법

자료 및 용구

- 도입자료 : 치솔
- 활동자료
  - 도화지, 크레파스
  - 채색도구 : 그림물감(팔레트, 붓, 물통)
  - 작업용구 : 철망, 칫솔, 여러 가지 도구

활동방법

① 칫솔이 하는 일에 대해 이야기 나눈다.

② 안개뿌리기 작업을 한다.

- 크레파스로 도화지 뒤에 이름을 쓴다.
- 표현하고 싶은 도구나, 도구 모양의 종이를 도화지 위에 올려놓는다.
- 원하는 색의 물감을 칫솔에 묻힌다.
- 도화지 위에 철망을 놓고 문지른다.

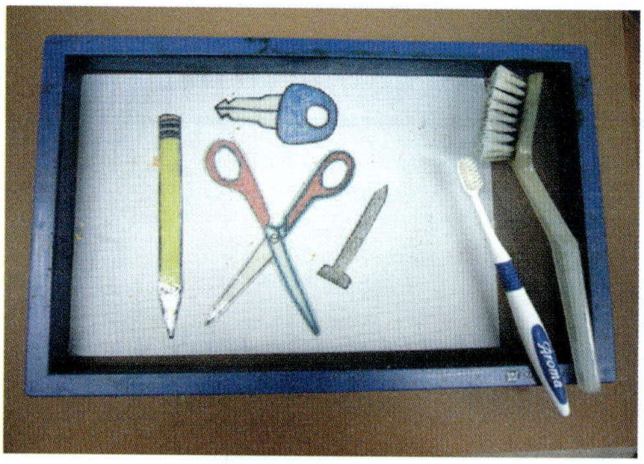

③ 건조대에서 말린다.

유 의 점

- 물감 작업 후 젖은 도화지에는 뒤집어서 이름을 쓸 수 없으므로 말린 후 자신의 작품을 쉽게 찾을 수 있도록 먼저 이름을 쓰고 작업을 시작한다.

도구를 그려요

활동목표

- 도구의 이름과 용도를 안다.
- 비어 있는 부분그림을 완성해 나감으로써 연상 능력을 키운다.

표현기법 부분그림 완성하기(확대)

자료 및 용구

- 도입자료 : 여러 가지 도구의 그림(펜치, 가위, 드라이버, 다리미 등)
- 활동자료
  - 도화지, 도구 그림
  - 작업용구 : 색연필, 사인펜, 크레파스, 가위, 풀

활동방법

① 여러 가지 도구의 사용법에 대해 이야기한다.

② 도구그림 확대하기 활동을 한다.

- 1cm의 간격으로 일정하게 띄어져 있는 그림을 나눠 준다.
- 원래의 도구 그림처럼 그리려면 어떻게 해야 할지 이야기한다.
- 그림이 완성되도록 각 그림 가운데 비어 있는 부분을 색과 형태를 연상하여 그린다.
- 색연필, 사인펜, 크레파스 등 다양한 그림도구를 이용하여 꾸민다.

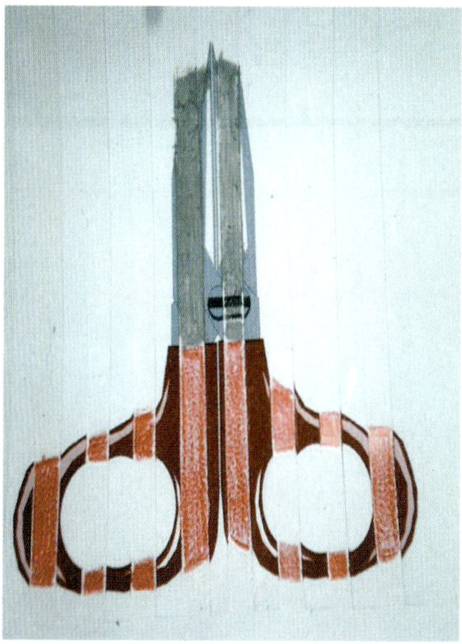

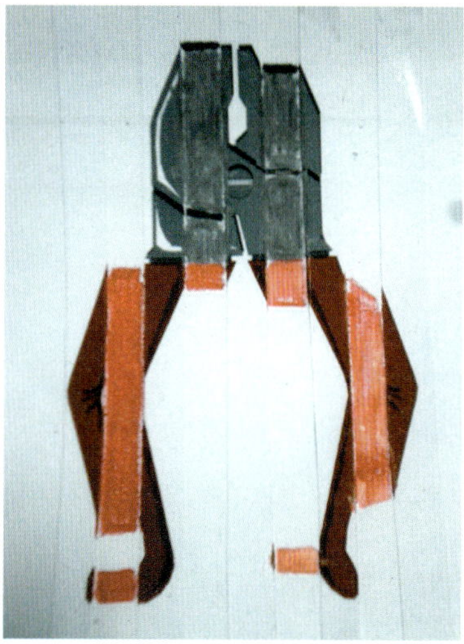

나도 몬드리안처럼

활동목표

- 사물을 연결하는 쓰이는 테이프를 이용해 구성을 할 수 있다.
- 나도 화가처럼 작업을 할 수 있다는 것을 안다.

표현기법 테이프그림

자료 및 용구

- 도입자료 : 화가 몬드리안의 그림
- 활동자료
  - 도화지
  - 채색도구 : 그림물감이나 크레파스
  - 작업용구 : 다양한 색의 마스킹테이프, 셀로판테이프

활동방법

① 화가 몬드리안의 그림을 감상한다.

② 몬드리안의 그림을 재구성하는 활동을 한다.

- 종이테이프나 전기테이프를 이용해 도화지의 면을 나눈다. 각각의 면을 다시 2등분, 3등분으로 나누고 큰 면은 다시 나누어 작은 면으로 만든다.
- 삼원색으로 각 면을 색칠한다. 모든 면을 색칠하지 말고 흰 도화지 부분을 남겨 두어야 몬드리안의 그림과 같은 효과를 줄 수 있다.
- 다양한 색의 테이프로 면의 분할을 시도한다.

유 의 점

- 면을 같은 색으로 나란히 칠하지 않도록 한다.
- 면을 너무 작게 나누지 않도록 한다.

확장활동

- 테이프를 다양한 모양으로 만들어 붙인다.

우리 집 가구와 가전제품

활동목표

- 가전제품의 종류와 기능을 안다.
- 가구의 종류와 기능을 안다.
- 가전제품과 가구를 적절한 위치에 배치할 수 있다.

표현기법 콜라주

자료 및 용구

- 도입자료 : 가구나 가전제품의 그림
- 활동자료
  - 도화지, 잡지
  - 채색도구 : 크레파스
  - 작업용구 : 풀, 가위

활동방법

① 가구나 가전제품의 그림을 보며 종류와 기능에 대해 이야기한다.

② 집 안에서 볼 수 있는 가구나 가전제품의 사진으로 콜라주 활동을 한다.
- 잡지에서 우리 집에서 볼 수 있는 도구를 찾아본다.
- 도구를 찾아 가위로 오린 후 풀을 묻혀 도화지에 붙인다.

③ 자신의 작품에 대해 소개한다.

삽과 망치

활동목표

- 삽과 망치의 쓰임새에 대하여 알 수 있다.
- 손가락의 힘을 조절할 수 있다.

표현기법 문질러내기 기법

자료 및 용구

- 활동자료
  - 도화지, 모양 본(두꺼운 도화지에 삽과 망치 모양의 그림을 그린 후 오려 낸다)
  - 크레파스
  - 작업용구 : 가위

활동방법

① 삽과 망치는 언제 사용하는지 이야기한다.

② 문질러내기 기법을 이용한 활동을 한다.

- 삽과 망치 모양의 그림이 오려진 모양본 도화지를 준비한다.
- 오려낸 모양의 가장자리에 크레파스로 선을 칠한다.
- 크레파스로 선을 그린 종이를 도화지 위에 올려놓고 손가락으로 밖에서 안으로 문지른다.

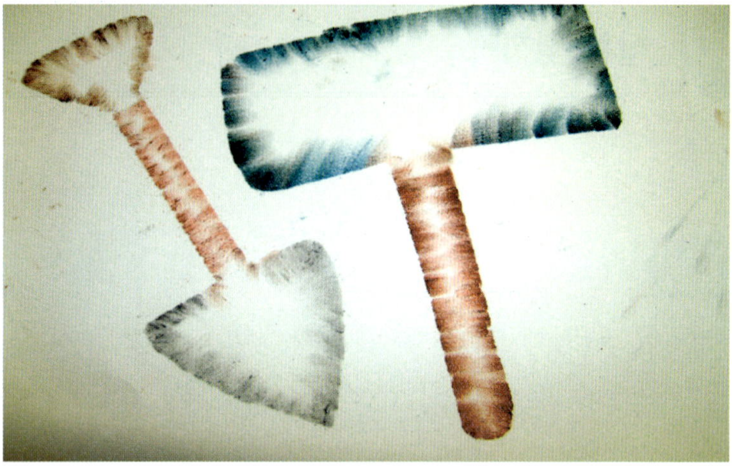

유 의 점

- 유아들이 모양을 오려 내기는 어려우므로 교사가 미리 준비한다.

확장활동

- 다른 도구의 모양 본을 준비하여 교체한다.

텔레비전에 내가 나왔으면

활동목표

- 텔레비전에 나올 자신의 얼굴을 그려 본다.
- 텔레비전의 장 · 단점을 알고 올바르게 사용할 수 있다.

표현기법 그리기와 칠하기

자료 및 용구

- 도입자료 : '텔레비전' 노래지도 자료
- 활동자료
  - 검정색 하드보드지, OHP 필름, 호일
  - 채색도구 : 유성매직, 네임펜
  - 작업용구 : 칼, 가위, 목공용 본드, 양면테이프,
  - 꾸미기 재료

활동방법

① 텔레비전이 우리에게 주는 이로움과 해로움에 대해 이야기한다.

② 내가 유명한 사람이 되어 나온다면 어떤 모습일까에 대해 이야기한다.

③ 내가 텔레비전에 나온 모습을 그리는 활동을 한다.

- 하드보드지 가운데를 뚫는다.
- 밑에 채널, 음량, 전원 버튼을 만들어 꾸며 준다.
- 다른 하나의 판에 은박지를 구겨서 붙이고 또 그 위에 아무것도 그려넣지 않은 OHP 필름을 붙인다.
- 가운데에 구멍을 뚫은 것과 은박지를 붙인 것을 서로 붙이는데, 가운데에

뚫린 부분을 1㎝씩 남기고 접착제로 붙인다.

- 뒤에 받침대를 만든다.
- OHP 필름에 그림을 그려 넣는다.
- 만들어진 텔레비전 안에 그림을 그린 OHP 필름을 넣는다.

유 의 점

- 유성매직은 옷에 묻으면 안 지워지므로 조심해서 다룬다.

확장활동

- 백남준 작가의 비디오 아트처럼 우리 반의 비디오 아트를 만들어 본다.

모양대로 바느질해요

활동목표

- 도구의 종류와 기능을 안다.
- 바느질을 통해 소근육 발달을 돕는다.

표현기법 바느질

자료 및 용구

- 활동자료
  - 도구의 그림이 그려진 종이
  - 플라스틱 바늘, 실, 이태리 목욕타월
  - 색연필

활동방법

① 도구 모양에 바느질 구멍이 점으로 찍혀 있는 종이를 준비한다.
② 털실을 끼운 플라스틱 돗바늘을 준비한다.
③ 얇은 스펀지(이태리 목욕타월)을 깔고 종이에 있는 점을 바늘로 뚫는다.
④ 뚫린 구멍을 따라 바느질을 한다.
⑤ 바느질을 한 후 색칠한다.

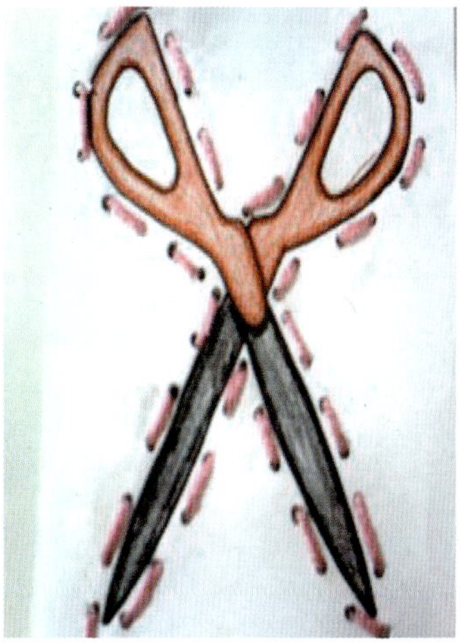

유의점

- 바늘을 다룰 때 조심한다.

확장활동

- 가위 이외의 도구의 그림을 준비하여 바느질한다.

7. 교통기관

줄줄이 자동차

활동목표

- 구슬이 굴러가는 자취를 탐색한다.
- 색의 혼합에 의해 나타나는 다른 색을 경험한다.

표현기법 구슬 굴리기

자료 및 용구

- 도입자료 : 육상 교통기관의 사진
- 활동자료
  - 창문을 뚫어 놓은 자동차 모양의 색도화지, 색셀로판지
  - 채색도구 : 그림물감
  - 작업용구 : 물감용구(파레트, 붓), 구슬을 굴릴 쟁반, 구슬 그릇, 숟가락

활동방법

① 육상 교통기관의 종류 및 모양에 대해 이야기한다.

② 구슬굴리기 작업을 한다.

- 자동차 모양의 색도화지 뒤에 이름을 쓴다.
- 쟁반 위에 자동차 모양의 색도화지를 올려놓는다.
- 물감을 풀어 놓은 구슬 그릇에 있는 구슬을 숟가락으로 떠서 색도화지

위에 놓는다.

- 구슬이 쟁반 밖으로 떨어지지 않게 조심하면서 쟁반을 앞뒤좌우로 기울여 구슬의 흔적을 만든다.

③ 그림을 말린다.

④ 자동차의 창문에 원하는 색의 셀로판지를 오려 붙인다.

⑤ 자동차들을 노끈으로 연결해 해가 드는 창문에 게시한다.

유의점

- 물감이 옷에 묻지 않도록 조심하며 팔 토시와 작업복을 입는다.

자동차 모양 문질러내기

활동목표

- 손가락의 힘을 조정할 수 있다.
- 크레파스의 성질을 알 수 있다.

표현기법 문질러내기 기법

자료 및 용구

- 도입자료 : 교통기관의 사진(소방차, 구급차, 경찰차, 우편물 수송차, 전철, 버스, 배, 헬리콥터, 자전거, 자가용 등)이나 동영상
- 활동자료
  - 도화지, 그림틀(교통기관의 그림을 오려 낸 OHP 필름이나 도화지)
  - 크레파스

활동방법

① 교통기관에 대해 이야기를 나눈다.

② 다양한 교통기관 사진을 보며, 문지르기 활동을 해 보도록 한다.

- 도화지 위에 그림틀을 올려놓고 오려진 선을 따라 크레파스로 그린다.
- 크레파스 선을 따라 안에서 밖으로, 혹은 밖에서 안으로 손가락으로 문질러 내서 후광효과를 낸다.

유의점

- 문지르기는 너무 세게 문지르면 종이가 찢어질 수 있으니 유의한다.

확장활동

- 항공 교통기관이나 해상 교통기관의 그림틀도 제공한다.

- 다른 기법을 이용하여 교통기관을 그려 본다.

〈 반발성 기법 〉

〈 직조 기법 〉

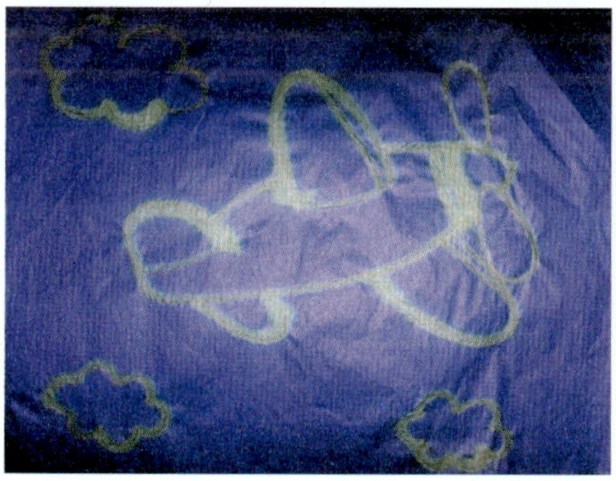

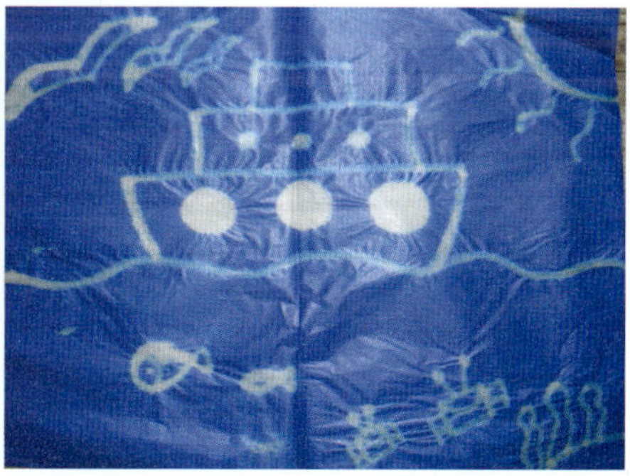

〈 탈색 기법 〉

헬리콥터

활동목표

- 손의 조절 능력을 발달시킨다.
- 미적 감각을 기른다.

표현기법 안개 뿌리기

자료 및 용구

- 도입자료 : 교통기관의 그림이나 동영상
- 활동자료
  - 도화지, 교통기관 모양 틀(OHP 필름이나 도화지에 교통기관의 모양을 오려 낸 틀)
  - 그림물감
  - 작업용구 : 안개뿌리기판, 칫솔

활동방법

① 교통기관의 종류와 형태에 대해 이야기한다.

② 안개뿌리기 활동을 한다.

- 도화지 뒤에 이름을 쓴다.
- 도화지 위에 교통기관 모양 틀을 놓는다.
- 안개뿌리기 판을 대고 칫솔에 물감을 묻혀서 판에 문지른다.
- 안개뿌리기로 나온 그림을 말린다.

유 의 점

- 앞치마를 하고 작업한다.
- 칫솔로 문지를 때 한 곳만 문지르지 않도록 주의한다.

확장활동

- 육상 교통기관이나 해상 교통기관도 안개뿌리기 작업을 한다.
- 바다 · 다리 · 하늘로 구성해서 안개뿌리기 교통기관 작품을 붙여 준다.

내 얼굴 찾아 자동차 바퀴 굴리기

활동목표

- 눈과 손의 협응력 및 소근육 발달을 돕는다.
- 창의적 표현력을 발달시킨다.
- 원인과 결과에 대한 관련성을 이해한다.

표현기법 찍기(롤러)

자료 및 용구

- 도입자료 : 유아들의 사진
- 활동자료
  - 큰 종이(아래에 유아들의 사진을 붙여 놓는다)
  - 그림물감
  - 작업용구 : 장난감 자동차

활동방법

① 나와 친구들의 얼굴을 찾아본다.

② 내 얼굴 찾아 자동차 바퀴 굴리기 활동을 한다.

- 자동차 바퀴를 탐색한다.
- 자동차 바퀴에 물감을 묻혀서 종이에 자국을 만들어 본다.
- 유아들이 시작한 부분에 사진을 붙여 놓고 자동차를 굴려가 도착한 지점에 사진을 붙인다.

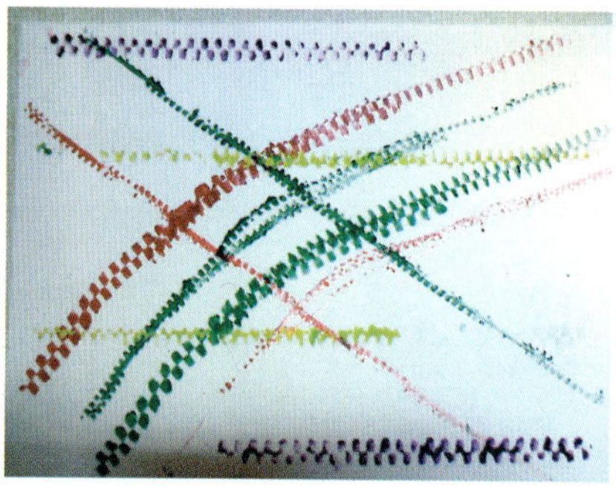

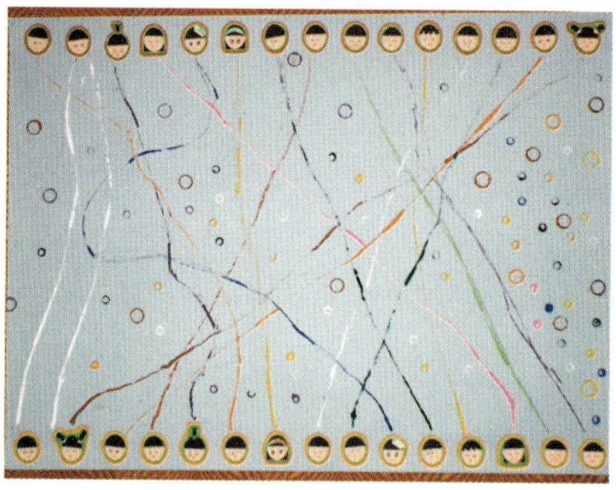

유의점

- 자동차는 유아의 손으로 쉽게 잡을 수 있는 크기가 좋다.
- 바퀴의 무늬가 다른 여러 종류의 자동차를 준비한다.
- 물감이 옷에 묻을 수 있으니 앞치마를 입고 팔 토시를 착용한다.

확장활동

- 자동차 바퀴를 찍고 자동차를 그려 넣어 도로를 만든다.

로켓 발사

활동목표

- 손에 힘을 주고 움직이며 소근육 발달은 돕는다.
- 로켓의 불꽃에 관심을 갖는다.
- 모양대로 가위질을 한다.

표현기법 스크래치

자료 및 용구

- 도입자료 : 로켓 사진이나 로켓 발사 영상
- 활동자료
  - 도화지, 빨간색 색지
  - 채색도구 : 크레파스
  - 접착용구 : 풀
  - 작업용구 : 이쑤시개, 가위

활동방법

① 로켓 사진이나 로켓 발사 영상을 보며 로켓에 대해 이야기한다.

② 스크래치 작업을 한다.
  - 신문지를 깔고 준비된 도화지에 스크래치 작업을 한다.
  - 불꽃 모양으로 오려 낸다.
  - 빨강색 색지를 대고 모양대로 오려 낸다.

③ 커다란 로켓이 그려져 있는 게시판에 유아들이 만든 작은 불꽃들을 붙인다.

길으면 기차

활동목표

- 손가락을 움직여 소근육이 발달된다.
- 손과 눈의 협응력을 기른다.

표현기법 직조

자료 및 용구

- 도입자료 : 기차의 기능과 모양에 대해 이야기한다.
- 활동자료
  - 도화지, 포장지, 색종이
  - 접착제 : 풀

활동방법

① 사람이 많이 탈 수 있는 기차의 바퀴에 대해 이야기한다.

② 직조 기법으로 바퀴를 만든다.
- 깔판을 깐다.
- 세로로 칼집을 낸 동그라미에 포장지나 색종이 띠를 가로로 끼워 넣는다.

③ 미리 만들어 놓은 기차에 자신의 바퀴를 단다.

열기구를 타러 가자

활동목표

- 여러 교통기관에 대해 관심을 가지고 꾸며 본다.
- 다양한 재료를 이용한 작품을 창의적으로 만들어 본다.

표현기법 만들기와 꾸미기

자료 및 용구

- 활동자료
  - 창호지
  - 채색도구 : 아크릴물감
  - 접착제 : 물풀, 목공풀, 글루건
  - 작업용구 : 가위,
  - 만들기 자료 : 플라스틱 작은 용기(요플레 용기), 풍선, 낚싯줄, 면봉, 지끈, 모루 등

활동방법

① 열기구 모빌을 만든다.
- 적당한 크기로 풍선을 불고 묶는다.
- 창호지를 물풀에 적셔 풍선에 붙인다.
- 창호지를 겹겹이 바른 후 말린다.
- 풍선을 터트린 후 밑부분을 자른다.
- 창호지에 아크릴물감으로 그라데이션을 넣는다.
- 요플레 용기도 아크릴 물감으로 색칠한다.

- 지끈을 따고 요플레 용기에 붙인다.
- 열기구 윗부분 정중앙에 구멍을 뚫는다.
- 면봉을 두 개로 분리해 십자가로 만들고 낚싯줄에 연결한다.
- 연결한 낚싯줄을 글루건을 이용해 열기구에 연결한다.

② 다양한 재료를 이용하여 열기구에 탈 사람을 만든다.

아연철사로 만들기

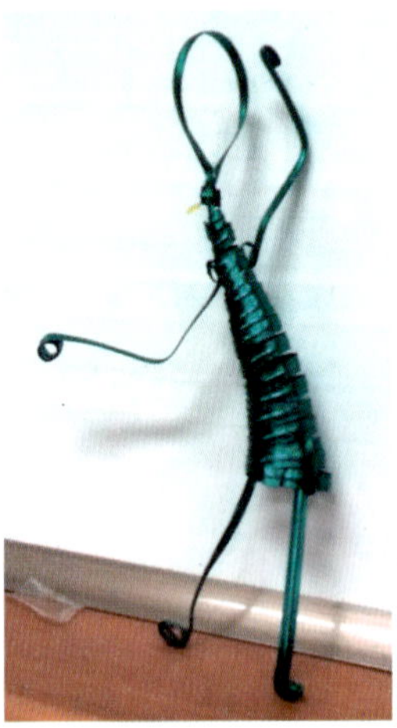

빵끈으로 만들기

지끈으로 만들기

〈 모루로 만들기 〉

〈 아이클레이로 만들기 〉

③ 사람을 열기구에 태워 전시한다.

빗속의 자동차

활동목표

- 물감은 크레파스나 양초와 섞이지 않는 것을 관찰한다.
- 물감과 붓을 잘 다룰 수 있다.

표현기법 반발성 기법

자료 및 용구

- 도입자료 : 교통기관의 종류와 기능을 알 수 있는 사진이나 동영상
- 활동자료
  - 도화지
  - 채색도구 : 그림물감 및 물감용구(붓, 물통, 팔레트), 양초

활동방법

① 여러 가지 교통수단의 사진을 본다.

② 깔판과 닦을 수 있는 걸레를 준비한다.

③ 연상력을 높일 수 있도록 빗소리를 들려준다.

④ 종이 위에 크레파스나 양초로 교통수단 그림을 그린다.

⑤ 물감으로 칠한다.

8. 우리나라

전통문양 찍기

활동목표

- 눈과 손의 협응력을 키운다.
- 우리나라의 다양한 전통문양의 아름다움을 안다.
- 전통문양을 이용하여 창의적인 패턴을 만들어 본다.

표현기법 찍기(도장 찍기)

자료 및 용구

- 도입자료 : 우리나라와 다른 나라의 전통문양이 나타난 사진

〈 우리나라 전통 기와와 문양 〉

- 활동자료
  - 도화지, 신문지

- 그림물감, 붓, 물감접시
- 작업용구 : 전통문양 도장, 전통문양 로울러

활동방법

① 우리나라 전통문양에 대해 이야기한다.

② 전통문양 찍기 활동을 한다.

- 바닥에 신문지나 비닐을 깔아 주변이 더러워지지 않도록 한다.
- 도화지에 여러 가지 전통문양과 여러 가지 색깔로 다양하게 찍는다.

확장활동

- 전통문양으로 부채나 한복을 만든다.

내가 만든 한복

활동목표

- 우리나라 전통의상에 대해 안다.
- 우리나라 전통의상인 한복을 색종이로 접을 수 있다.
- 직접 한복을 꾸밈으로써 한복의 아름다움을 느낀다.

표현기법 색종이 접기, 색연필 칠하기

자료 및 용구

- 도입자료 : 세계 여러 나라의 전통 의상 사진, 여러 종류의 한복 사진
- 활동자료
  - 한복을 접는 방법을 순서대로 접어서 유아들이 볼 수 있도록 만든 책
  - 한복 그리기 도안, 색종이
  - 색연필
  - 접착제 : 풀

활동방법

① 세계 여러 나라의 전통의상에 대해 이야기한다.

② 우리나라 전통의상에 대해 이야기한다.

③ 색종이를 이용해 한복 접는 법을 알려 준다.

④ 자신의 얼굴 사진을 붙이고 한복을 꾸며 본다.

병풍 만들기

활동목표

- 함께 모여 병풍을 만들 수 있다.
- 입으로 부는 바람의 세기를 조절할 수 있다.

표현기법 불기 및 그리기

자료 및 용구

- 도입자료 : 병풍그림
- 활동자료
  - 작업순서도, 두꺼운 한지, 도화지, 우유곽, 신문지
  - 물약통에 넣은 먹물, 그림물감, 사인펜, 색연필

활동방법

① 병풍의 용도 및 생김새에 대해 이야기를 나눈다.

② 병풍을 만드는 작업을 한다.

- 신문지를 깐다.
- 닦을 수 있는 걸레와 그림물감을 준비한다.
- 한지나 도화지에 먹물이나 그림물감을 떨어뜨리고 입으로 불어 그림을 그린다.
- 말린 후 색연필이나 사인펜으로 그림을 완성한다.
- 교사가 준비한 병풍 모양의 판에 그림을 붙인다.

③ 복도 창틀이나 신발장 위에 전시한다.

유 의 점

- 먹물이 옷에 묻지 않도록 주의한다.

확장활동

- 불기를 이용하여 우리나라의 공예품 중 백자나 부채를 만든다.

자음과 모음 찍기

활동목표

- 우리나라를 대표하는 한글에 대해서 알 수 있다.
- 글자를 구성하는 자음과 모음에 대해서 알 수 있다.

표현기법 도장 찍기

자료 및 용구

- 도입자료 : 우리나라를 대표하는 것(태극기, 무궁화, 한글)의 사진이나 영상
- 활동자료
  - 도화지, 색종이
  - 그림물감, 붓
  - 작업용구 : 자음과 모음이 나타나는 지점토 도장, 도장을 찍을 부채

활동방법

① 우리나라를 대표하는 것에 대해 이야기한다.

② 도장 찍기 활동을 한다.

- 작업을 위해 신문지를 깐다.
- 자음과 모음 모양 도장을 책상 위에 올려놓는다.
- 도장을 찍을 부채를 준비한다.
- 자음도장과 모음도장을 물감 접시에 찍어 물감을 묻힌 후 부채에 도장을 찍는다.

③ 잘 말린 후 사용한다.

확장활동

- 세계 여러 나라의 글자가 모두 다르다는 것을 알 수 있도록 알파벳 도장을 만들어 찍기 활동을 한다.
- 재질을 달리하여 도장을 만들어 본다(야채도장, 모루도장 등).

우리나라 건축물

활동목표

- 우리나라의 건축물을 보고 그 아름다움에 대해 안다.
- 여러 가지 곡식을 이용하여 건물을 구성해 본다.
- 모자이크 기법을 알고 곡식 콜라주를 한다.

표현기법 곡식 콜라주

자료 및 용구

- 활동자료
  - 도화지(첨성대, 남대문 등 우리 건축물이 프린트가 된 도화지),
  - 연필
  - 꾸미기 자료 : 쌀, 콩, 보리, 팥, 색모래
  - 접착제 : 목공풀

활동방법

① 우리나라 건축물에 대해 알아본다.
② 콜라주 기법에 대해 설명한다.
③ 우리나라 건축물 콜라주 활동을 한다.
- 깔판을 깐다.
- 도화지에 이름을 쓴다.
- 곡식 콜라주를 한다.

우리가 만든 오작교

활동목표

- 칠월 칠석에 대해 안다.
- 미술활동에 흥미를 가질 수 있다.
- 손바닥 찍기를 통해 새를 표현할 수 있다.

표현기법 신체(손바닥) 찍기

자료 및 용구

- 도입자료 : 우리나라의 세시풍속(칠월 칠석) 동화
- 활동자료
  - 도화지, 신문지
  - 그림물감(검정색)
  - 작업용구 : 물감 패드

활동방법

① 칠월 칠석 동화를 듣는다.

② 까치와 까마귀가 만든 오작교를 만드는 활동을 한다,

- 검정색으로 손바닥 찍기를 하고 말린다.
- 가위로 손바닥을 오리고 부리와 꼬리 그리고 눈알을 붙여 까마귀와 까치를 만든다.

③ 견우와 직녀가 붙여진 게시판에 까치와 까마귀를 붙여 오작교를 만든다.

유의점

- 물감을 닦을 수 있도록 걸레를 준비한다.

확장활동

- 스크래치 기법을 이용하여 까마귀와 까치를 만들어 오작교를 만든다.

견우와 직녀
견우와 직녀

견우와 직녀

흥부 박타기

활동목표

- 전래동화 '흥부와 놀부' 이야기를 이해한다.
- 생각한 것을 그림으로 그릴 수 있다.

표현기법 그리기와 칠하기

자료 및 용구

- 도입자료 : 전래동화 '흥부와 놀부'
- 활동자료
  - 다이아몬드 모양(오각형 모양)의 도화지, 오각형 모양의 부직포 보석틀
  - 채색도구 : 색연필, 사인펜

활동방법

① '흥부와 놀부'를 들려준다.
② 흥부(놀부) 박 속에서 무엇이 나올지 생각한다.
③ 오각형 모양의 도화지에 생각을 그림으로 그린다.
④ 오각형 모양의 부직포 보석틀에 자신의 그림을 끼운다.
⑤ 흥부 집과 박이 터지는 모양의 게시판에 유아들이 보석틀을 붙인다.

확장활동

- 놀부 박 속에서 무엇이 나올지도 생각하여 그린다.
- 한 번에 게시가 다 안 될 때는 보석들의 그림을 교체하며 전시한다.

빨간 부채 파란 부채

활동목표

- 빨간 부채 파란 부채 동화를 듣고 내용을 이해한다.
- 빨간 부채 파란 부채를 만들 수 있다.

표현기법 직조

자료 및 용구

- 도입자료 : 그림동화
- 활동자료
  - 파란계열 색지 2장, 빨간 계열 색지 2장(색종이), 두꺼운 도화지
  - 꾸미기 재료
  - 가위, 칼, 풀, 일회용 수저 4개

활동방법

① 동화를 듣고 무슨 색 부채를 만들지 생각한다.

② 부채 만들기 활동을 한다.

- 색지와 색종이를 이용해 직조 기법으로 부채를 만든다.
- 직조가 끝나면 일회용 수저를 앞뒤로 대고 밴드로 묶어 손잡이를 만든 후 꾸미기 재료를 이용해 장식을 한다.

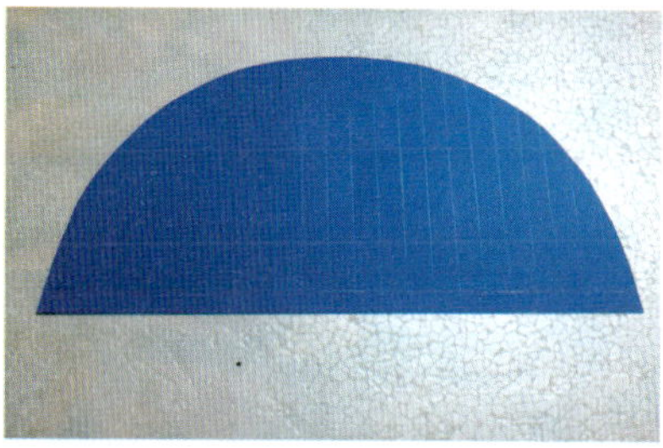

내가 그린 풍속화

활동목표

- 풍속화에 대해 알 수 있다.
- 상황을 이해하고 적절한 표현을 할 수 있다.

표현기법

풍속화 재구성

자료 및 용구

- 도입자료 : 풍속화 '파적도'
- 활동자료
  - 도화지, OHP 필름
  - 재구성된 파적도 배경그림(파적도의 그림 속 인물과 고양이, 닭, 병아리 등을 오린다. 나뭇가지, 곰방대, 베틀 등 필요한 이미지가 있다면 함께 오린다.)
  - 채색도구 : 사인펜, 색연필

활동방법

① 풍속화 '파적도'를 보며 그림 속의 인물과 동물의 특징과 상황에 대해 이야기한다.

② 재구성된 파적도 배경그림 속에 자신의 생각을 반영한 동물이나 소품을 그려 넣는다.

③ 재구성된 파적도 배경그림 위에 OHP 필름을 올려놓고 그리거나 꾸미기를 한다.

확장활동

- 풍속화는 그 시대의 유행과 습관 따위를 보여주는 모습을 비유적으로 이르는 말이다. 유아들과 함께 지금의 풍속화를 그려 본다.

파적도 : 조선 후기의 화가 김득신(金得臣)의 풍속화
병아리를 물고 달아나는 고양이, 날개 치는 어미닭, 놀라서 달아나는 병아리, 고양이 쫓아 내려는 주인의 모습을 그렸다(간송미술관 소장).

동물들의 그림을 뺀 후 상황에 맞는 다른 동물을 그려 넣는다.

9. 세계 여러 나라

우리나라와 세계 여러 나라의 국기

활동목표

- 우리나라와 다른 나라의 국기들을 알 수 있다
- 색연필을 잡고 문질러내는 힘을 기른다.

표현기법 프로타주 기법

자료 및 용구

- 도입자료 : 세계지도와 여러 나라 국기
- 활동자료
  - 색종이로 꾸며진 국기(가로 10.5cm, 세로 7.5cm), A4용지
  - 색연필

활동방법

① 세계 여러 나라의 국기에 대해 알아본다.

② 기법을 활용하여 여러 나라의 국기를 만든다.

- 준비된 국기 중 하나를 선택한다.
- 국기 위에 종이를 올린다.

- 자신이 원하는 색깔의 색연필로 베껴내기를 한다.

확장활동

- 자기가 그린 국기의 나라를 세계지도에서 찾아본다.
- 그 나라 사람들의 생활방식을 알아본다.
- 자기가 나라를 세우게 된다면 어떤 국기를 만들고 싶은지 그려 본다.

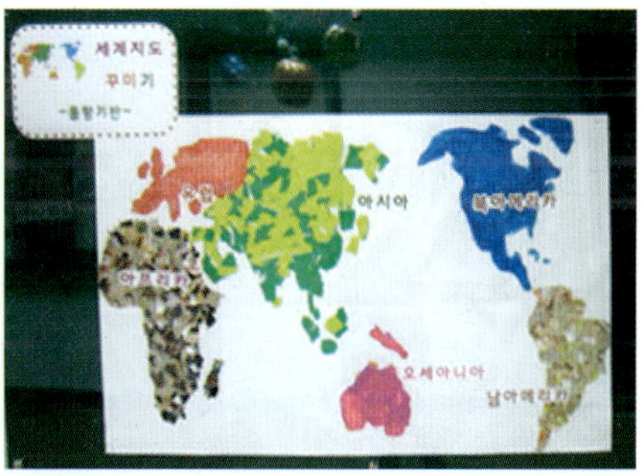

다른 나라의 궁전 그리기

활동목표

- 각 나라 궁전의 특징을 안다.
- 알루미늄 호일의 특징을 안다.

표현기법 OHP 필름에 그리기

자료 및 용구

- 도입자료 : 세계 여러 나라의 건축물(궁전)의 특징을 볼 수 있는 사진이나 영상
- 활동자료
  - 투명필름(OHP 필름), 알루미늄 호일
  - 매직

활동방법

① 동양과 서양의 궁전 특징에 대해 이야기한다.

② 투명필름 위에 그리기 작업을 한다.

- 다른 나라의 궁전 그림 위에 투명필름을 올려놓는다.
- 매직으로 투명필름 밑에 있는 그림을 따라 그리고 칠을 한다.

③ 그림보다 조금 크게 자른 알루미늄 호일을 구겼다가 편다.

④ 호일을 그림과 같은 크기의 딱딱한 밑판(마닐라지, 골판지)에 놓고 상하좌우의 여유 호일을 밑판 뒤로 넘겨 셀로테이프로 고정한다.

⑤ 그림을 그린 투명필름을 호일 위에 놓고 나머지 부분을 뒤로 넘겨 고정한다.

유 의 점

- 매직을 사용할 때 옷에 묻지 않게 조심하도록 한다.
- 투명필름의 경우 모서리가 뾰족하여 잘못하면 안전사고가 날 수 있으니 모서리를 둥글게 오려 준다.

나만의 타지마할

활동목표

- 세계 여러 나라의 건축물에 대해서 안다.
- 타지마할이 어떤 나라의 건축물인지 안다.
- 부분그림을 보고 전체를 완성한다.

표현기법 부분그림 완성하기

자료 및 용구

- 도입자료 : 세계 여러 나라의 건축물 사진, 건축물 퍼즐(완성된 그림자료)
- 활동자료
  - 도화지, 부분그림 활동지
  - 채색도구 : 색연필

활동방법

① 우리나라 건축물과 다른 나라 건축물에 대하여 이야기를 나눈다.

② 타지마할 퍼즐을 맞추고 설명하며 인도에 대해 이야기를 나눈다.

③ 타지마할 부분그림을 퍼즐에서 본 걸 기억하며 그린다.

인도의 타지마할을 완성해 보자

확장활동

- 다른 나라의 건축물이나 구조물을 입체조형으로 만든다.

알록달록 세계지도

활동목표

- 5대양 6대주에 있는 세계 여러 나라에 관심을 갖는다.
- 우리나라의 위치를 알 수 있다.
- 내가 가 보고 싶은 나라에 대해 안다.

표현기법 칠하기

자료 및 용구

- 도입자료 : 세계지도
- 활동자료
  - 비행기 모양의 도화지, 유아의 얼굴 사진
  - 채색도구 : 색연필, 사인펜

활동방법

① 세계지도를 보고 우리나라를 찾아본다.

② 비행기 모양의 도화지에 칠을 하고 얼굴 사진을 오려 붙인다.

③ 자신이 가 보고 싶은 나라에 비행기를 붙인다.

확장활동

- 유아가 가고 싶어하는 나라에 대해 조사하고 국기, 전통의상 등을 그려 보는 활동을 전개한다.
- 유아가 만든 비행기는 세계지도에 붙이지 않을 때, 영역 이름표로 사용할 수 있다.
- 대륙마다 국기와 나라를 소개하는 〈세계지도 안내책자〉를 제시하여 이해를 돕는다.

- 어느 나라에 비행기가 많이 붙어 있는지 비교한다.

풍차와 꽃

활동목표

- 세계의 여러 나라에는 나라를 대표하는 것이 있음을 안다.
- 네덜란드를 대표하는 풍차와 꽃에 대해 안다.
- 색종이 접기로 튤립을 접을 수 있다.

표현기법 색종이 접기(튤립)

자료 및 용구

- 도입자료 : 세계 여러 나라의 대표적인 건물이나 꽃, 상품의 그림이나 동영상, 네덜란드의 풍차와 화초 사진
- 활동자료
  - 색종이

활동방법

① 네덜란드의 화훼농업에 대해 이야기한다.
② 색종이로 튤립 접기를 한다.

③ 들판에 풍차가 있는 게시판에 튤립을 붙인다.

확장활동

- 풍차에 '바람'하면 생각나는 것에 대해 써서 붙인다.

10. 환경과 생활

봄비가 내려요

활동목표

- 봄 풍경을 연상할 수 있다.
- 물감이 위에서 아래로 흘러 내리는 모습을 본다.

표현기법 물감 흘리기

자료 및 용구

- 활동자료
  - 도화지, 크레파스
  - 그림물감, 붓

활동방법

① 유아가 생각하거나 경험했던 봄비 내리는 풍경에 대해 이야기해 본다.

② 물감 흘리기 작업을 한다.
- 책상에 비닐이나 신문지를 깐다.
- 여러 색의 물감을 사용할 수 있도록 준비해 놓는다.
- 도화지 뒷면에 이름을 쓰고 밑그림을 그린다.

- 도화지 위쪽에 파란색 물감을 떨어뜨린다.
- 도화지를 세워 물감이 흘러내리게 한다.

③ 창가나 사물함 위에 작품을 말려 놓는다.

④ 자신이 한 작품에 대해 발표해 본다.

확장활동

- 봄비에 관한 동시나 노래를 배운다.
- 다른 기법(사인펜 번지기, 크레파스 문질러내기 기법)을 사용하여 비가 오는 장면을 그린다.

〈 사인펜 번지기 〉

〈 크레파스 문질러내기 〉

오염된 물과 강

활동목표

- 마블링 물감의 색에 따라 맑은 물과 오염된 강의 차이를 만들 수 있다.
- 마블링의 무늬를 이용하여 바다를 재구성한다

표현기법 마블링

자료 및 용구

- 활동자료
  - 도화지, 휴지, 사인펜, 색연필, 도화지
  - 마블링 물감
  - 작업용구 : 대야

활동방법

① 마블링 작업을 할 수 있도록 종이나 비닐을 깔고 앞치마를 입는다.

② 마블링 작업을 한다.
  - 대야에 물을 반쯤 담은 다음, 마블링 물감을 한두 방울 떨어뜨리고 나무젓가락으로 저어 모양을 만든다.
  - 도화지를 덮어서 무늬를 흡착시키고 남은 물을 털어 낸다.
  - 찍힌 모양을 보여주고 무엇이 연상되는지 이야기해 본다.

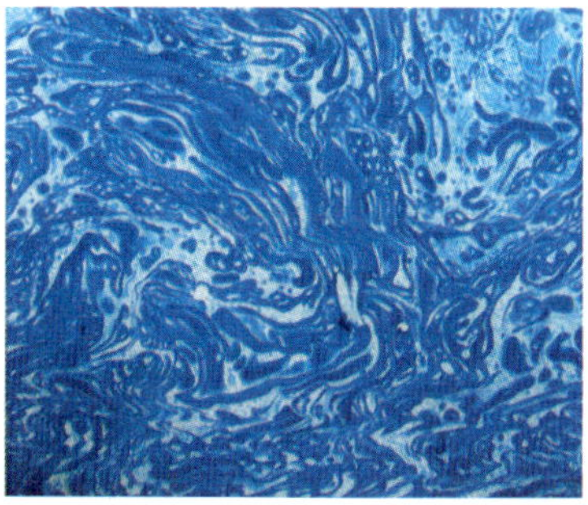

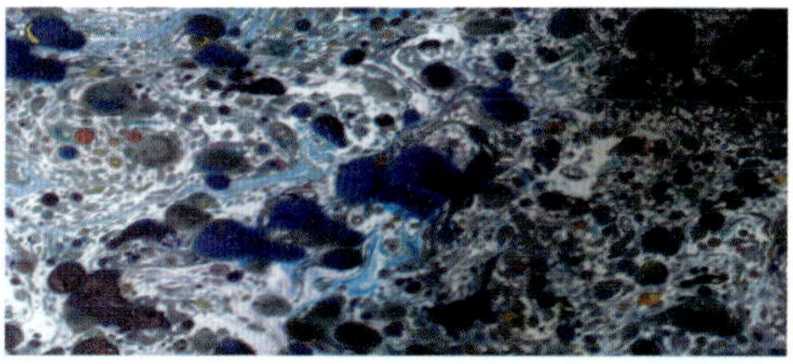

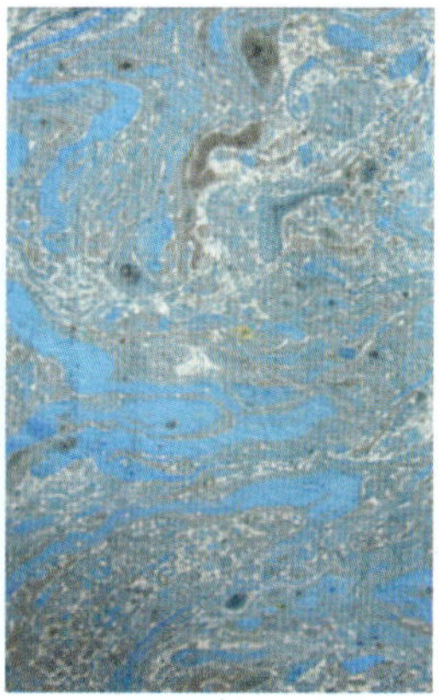

③ 찍힌 종이를 완전히 말린 후 찍힌 모양에서 연상되는 풍경을 그린다.

〈 오염된 강물 〉

〈 하수구에서 나오는 오염된 물 〉

유 의 점

• 마블링 물감의 색을 바꿀 때는 휴지로 남은 물감을 걷어 낸 후 다른 색의

물감을 떨어뜨린다. 한 가지 색보다는 두 가지 색 정도를 넣는 것이 다양한 무늬를 만들 수 있다.

- 사용한 대야는 비누로 깨끗이 닦아야 한다.
- 물감 덩어리가 남아 있지 않도록 휴지로 찍어 낸 후 말린다.

확장활동

- 마블링 무늬를 다양한 그림에 적용한다.

〈 오염된 공기로 활용 〉

〈 명화의 배경으로 활용 〉

〈 화재 현장의 불길로 활용 〉

배를 접어 바다에 띄워요

활동목표

- 친구들과 협동하여 그림을 완성시킨다.
- 배에 어울리는 배경을 생각해 보고, 자신의 느낌을 표현한다.
- 배를 접어 본다.

표현기법 종이접기와 그리기

자료 및 용구

- 활동자료
  - 색종이, 전지
  - 크레파스, 사인펜, 색연필, 풀

활동방법

① 배를 접는 방법에 따라 색종이를 접는다.

② 배에 어울리는 배경을 생각해 본다.
- 다 같이 전지에 밑그림을 그린다.
- 6조각으로 접은 종이에 색칠을 한다.
- 전지에 배를 붙인다.

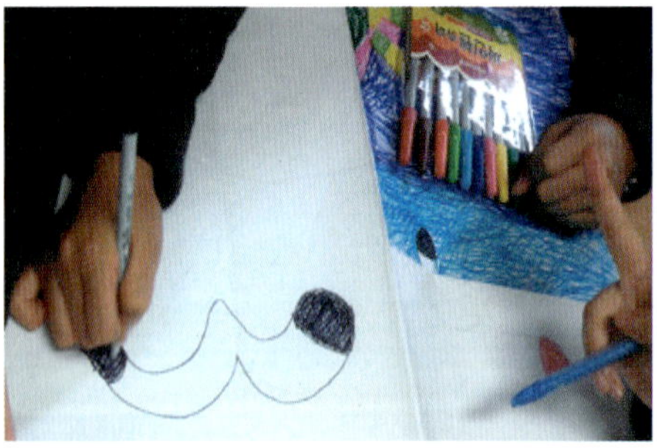

확장활동

- 종이 구겨 찍기 기법으로 바다를 만든 후 배를 만들어 붙인다.

- 마블링으로 바다를 연상한다.

바람 부는 날

활동목표

- 다양한 촉감을 경험한다.
- 손가락의 움직임을 통해 소근육 발달을 돕는다.
- 바람 부는 모습을 표현할 수 있다.
- 자아 인식을 발달시킨다.

표현기법 핑거페인팅

자료 및 용구

- 활동자료
  - 도화지, 비닐, 유리판
  - 그림물감, 밀가루, 식용색소

활동방법

① 밀가루 풀을 쑨다.
  - 밀가루와 물을 섞은 것을 끓는 물에 조금씩 넣고 비율을 맞춰 준다.
  - 식용색소(혹은 그림물감)를 넣어 색을 만들어 낸다.
  - 색밀가루풀을 식힌다.

② 유리판이나 비닐을 깔은 책상에 색밀가루풀을 올려놓는다.

③ 음악을 틀어 놓고 밀가루풀을 만지며 손가락을 움직여 바람의 움직임을 표현한다.

④ 마르면서 그림이 뒤틀리지 않도록 헌 골판지 포장재나 우드락에 핀으로 고정시켜 말린다.

유 의 점

- 반드시 작업복을 입도록 한다.
- 미술 활동 후에는 밀가루풀을 휴지로 닦아 낸 후 비누로 손을 씻도록 한다.
- 여름철 실외활동으로 물놀이를 하기 전에 핑거페인팅을 하면 옷에도 묻지 않고 정리하기도 쉽다.

확장활동

- 밀가루풀 대신 면도용 크림이나 목욕용 물비누를 사용하여 핑거페인팅을 한다.

개구리의 숨쉬기

활동목표

- 겨울잠을 자는 동물(개구리)을 안다.
- 입으로 바람을 불 수 있다.

표현기법 비닐봉투에 그리기

자료 및 용구

- 도입자료 : 겨울잠을 자는 동물의 그림과 동영상
- 활동자료
  - 비닐봉투
  - 유성매직, 유성펜

활동방법

① 겨울잠을 자는 동물에 대해 이야기한다.

② 비닐봉투를 활용한 개구리 그리기 활동을 한다.

- 유성매직을 이용해 비닐봉투에 개구리를 그린다.

③ 다 그린 후 바람을 불어넣어 입체감을 준다.

확장활동

- 바람을 넣은 비닐봉투를 땅에 떨어뜨리지 않고 오래 머물게 하는 게임을 한다.

내가 타는 그네

활동목표

- 내 얼굴의 특징을 알고 표현한다.
- 바람의 방향에 따른 그네의 움직임을 관찰한다.

표현기법

만들기와 꾸미기

자료 및 용구

- 활동자료
  - 색종이컵, 색종이, 포장지, 지끈, 유아의 얼굴 사진, 수수깡, 긴 막대
  - 작업용구 : 글루건

활동방법

① 거울을 보며 내 얼굴의 특징을 살펴본다.
② 컵에 옷을 그려서 장식하고 얼굴과 팔, 다리를 붙여 사람 인형을 만든다.
③ 수수깡을 테이프로 연결한 후 지끈을 달아 그네를 만든다.
④ 인형을 태운 그네를 글루건을 이용해 긴 막대에 붙인다.
⑤ 막대를 창가에 매달아 전시하고 바람이 불 때 창가에서 그네가 흔들리는 모습을 본다.

유의점

- 교사가 글루건을 사용할 때 유아들을 조심시킨다.

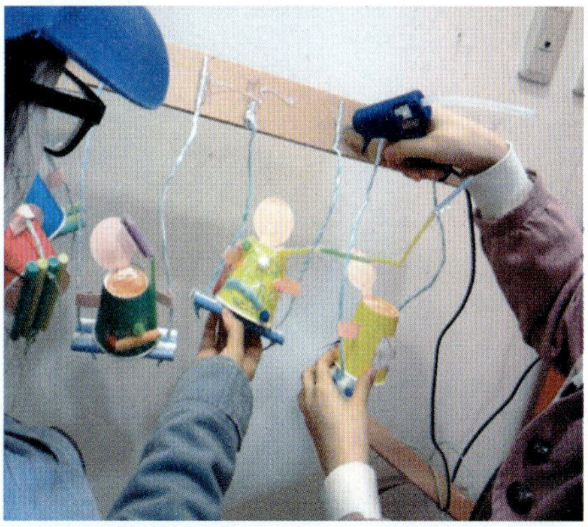

확장활동

- 사람 인형 대신 동물 인형을 만들어 태운다.

에코가방 만들기

활동목표

- 환경을 아낄 수 있는 방법을 알고 그림으로 그린다.
- 패브릭 크레용의 특징을 안다.
- 뜨거운 다리미로부터 안전할 수 있는 방법을 안다.

표현기법

그리기

자료 및 용구

- 활동자료
  - 광목 원단 가방, 흰 종이,
  - 채색도구 : 패브릭 크레용
  - 작업용구 : 다리미, 다리미판

활동방법

① 재료를 탐색한다.

② 사람들이 자연을 더욱 사랑하고 아낄 수 있는 방법에 대해 이야기한다.

③ 비닐봉투 사용을 줄이기 위한 방법으로 에코가방 만들기 활동을 한다.
- 광목 원단 가방을 준비한다.
- 패브릭 크레용을 이용하여 가방에 그림을 그린다.
- 가방 위에 흰 종이를 올려놓고 다리미질을 한다.

유 의 점

- 다리미를 사용할 때 뜨거우므로 어린이들이 가까이 오지 않도록 한다.
- 패브릭 크레용은 잘 번지므로 조심해서 다룬다.
- 종이를 덮고 다림질을 4분 정도 해야 세탁해도 지워지지 않는다.

나도 정전기를 만들 수 있어요

활동목표

- 점토의 촉감을 느낀다.
- 나만의 특징을 가진 사람을 만든다.
- 정전기의 원리를 확인하며 즐겁게 놀이한다.

표현기법 찰흙 빚기

자료 및 용구

- 도입자료 : 정전기 실험에 사용 했던 과학 세트
- 활동자료
  - 책받침(에보나이트 막대나 PVC파이프), 천, 털실, 풍선, 점토

활동방법

① 정전기 실험 내용을 회상한다.

② 점토로 사람을 만드는 활동을 한다.
  - 점토를 이용하여 사람을 빚는다.
  - 사람의 머리에 털실과 셀로판지를 이용하여 머리카락을 꾸민다.

③ PVC파이프를 천으로 비벼 정전기를 일으킨 후 점토인형의 머리카락 가까이 가져간다.

④ 머리카락 실이 솟아오르는 모습을 관찰한다.

유 의 점

- 털실의 두께가 두꺼울 경우 정전기의 힘이 약해 털실이 잘 따라오지 않을 수 있다.

확장활동

- 실의 종류를 달리해 정전기가 발생하는 정도를 비교한다.
- 문지르는 천의 종류에 따라 정전기의 세기가 달라짐을 관찰한다.

별이 빛나는 밤에

활동목표

- 명화를 감상하고 표현할 수 있다.
- 밤하늘에서 볼 수 있는 것들을 알고 표현한다.
- 다양한 굵기의 도구를 활용하여 명화를 재구성한다.

표현기법 명화 감상 및 재구성(스크래치)

자료 및 용구

- 도입자료 : 고흐의 '별이 빛나는 밤에'
- 활동자료
  - 도화지
  - 채색도구 : 크레파스
  - 작업용구 : 크레파스를 긁을 수 있는 도구

활동방법

① 고흐의 '별이 빛나는 밤에'를 감상한다.

② 명화 재구성 활동을 한다.

- 깔판을 깐다.
- '별이 빛나는 밤에'를 스크래치 기법으로 재구성한다.

③ 서로의 그림을 감상한다.

확장활동

- 밤하늘을 관찰한다.
- 마블링 기법을 활용하여 재구성한다.
  - 도화지에 마블링 물감을 이용하여 대리석 무늬를 낸다.
  - 잘 말린 후 다양한 채색도구(파스텔, 유성매직 등)를 활용하여 그림을 그린다.

• OHP 필름에 유성펜이나 유성매직으로 그린 후 창문에 붙여 감상한다.

• 점묘법으로 원본을 재구성한다.

원본에 OHP 필름을 올려 놓고 유성펜으로 점을 찍는다.

원본 위에 점을 찍은 OHP 필름을 올려놓는다.

• 크레파스 그림 다림질하기 기법으로 작업한다.

〈 사포에 그린 후 다림질한 그림 〉

〈 사포에 그린 그림을 화선지에 다림질한 그림 〉

은하계를 찾아서

활동목표

- 손의 조절 능력을 발달시킨다.
- 손과 눈의 협응력을 발달시킨다.
- 힘의 조절능력을 발달시킨다.

표현기법 안개 뿌리기

자료 및 용구

- 도입자료 : 은하계 그림이나 동영상
- 활동자료
  - 도화지
  - 그림물감
  - 작업용구 : 네모난 통, 그물망, 솔, 물감접시

활동방법

① 은하계 영상을 보며 다양한 색깔의 별을 찾는다.

② 안개뿌리기 기법으로 무늬를 만든다.

- 도화지를 놓고 물감을 묻힌 솔을 그물망 위에 문지른다.

③ 잘 말린 후 무늬를 이용해 은하계를 꾸민다.

안개뿌리기 기법

마블링 기법

유 의 점

- 그물망 위에다가 솔로 문지를 때, 옷에 튀기지 않게 조심해야 한다.
- 솔에 너무 많은 양의 물감이 묻어 있으면 안개뿌리기의 특징이 드러나지 않는다.

확장활동

- 마블링 기법으로도 은하계를 구성한다.

11. 봄 · 여름 · 가을 · 겨울

바람 불고 비오는 날

활동목표

- 여름 날씨의 특징을 알 수 있다.
- 입으로 부는 바람의 세기를 조절할 수 있다.

표현기법 물감 불기

자료 및 용구

- 도입자료 : 여름 장마에 들을 수 있는 장맛비 소리와 그림
- 활동자료
  - 도화지(우산 모양)
  - 그림물감, 붓, 파레트, 물통

활동방법

① 여름 태풍 때 바람의 방향과 세기에 대해 이야기한다.

② 우산의 종류와 크기, 모양, 바람의 방향에 따른 우산의 방향에 대해 이야기한다.

③ 나만의 우산 만들기 작업을 한다.
- 비닐이나 신문지를 깐다.
- 우산 모양의 도화지에 여러 가지 색의 물감을 떨어뜨린다.
- 입이나 빨대를 이용해 물감을 여러 방향으로 분다.

- 우산의 손잡이를 붙여 우산 모양을 완성한다.
- 교실의 벽이나 창문에 붙인다.

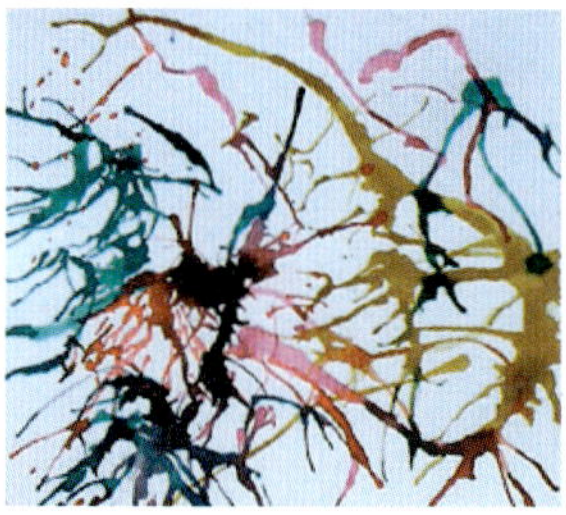

확장활동

• 여름 날씨의 특징이 나타나도록 활동을 확장시킨다.

천둥 번개치며 비오는 날

벚꽃 눈 그림

활동목표

- 봄꽃의 아름다움을 느끼고 즐긴다.
- 손가락을 이용하여 벚꽃 잎의 움직임을 표현한다.

표현기법 손가락 찍기(협동화)

자료 및 용구

- 도입자료 : 벚꽃을 보고 있는 견학사진 자료, 벚꽃이 흩날리는 영상
- 활동자료
  - 벚꽃나무 가지가 그려진 도화지
  - 그림물감(흰색, 분홍, 빨강)

활동방법

① 견학사진을 보고 느낌을 이야기한다.

② 손가락 찍기 활동을 한다.

- 책상 위에 신문지나 비닐을 깔아 책상에 물감이 묻지 않도록 한다.
- 벚꽃나무 가지가 그려진 전지를 준비한다.
- 손가락을 이용해 벚꽃을 자유롭게 표현한다.

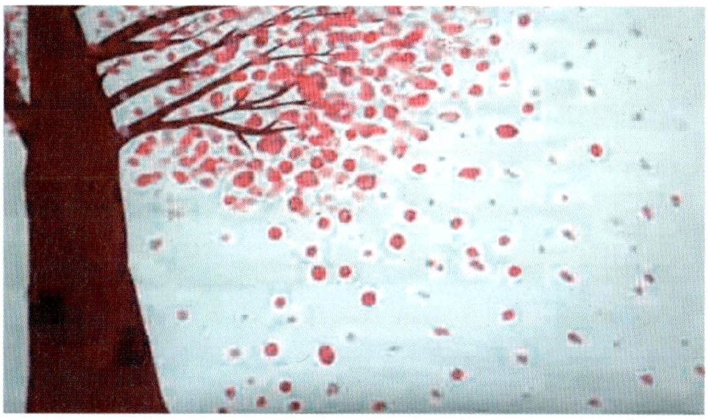

③ 협동작품을 감상하며 느낌을 이야기한다.

유 의 점

- 물감이 옷에 묻지 않도록 앞치마를 입는다.

바닷가에서

활동목표

- 다양한 색상의 모래를 관찰한다.
- 모래를 만지며 감각을 발달시킨다.
- 모래를 붙이며 소근육을 발달시킨다.

표현기법 모래그림

자료 및 용구

- 활동자료
  - 도화지
  - 색모래, 양면테이프

활동방법

① 다양한 색상의 모래를 만지고 느껴 본다.

② 모래그림 작업을 한다.
- 신문지를 깐다.
- 도화지에 양면테이프를 붙이고 그 위에 모래를 뿌린 후 손으로 누른다.
- 남아 있는 모래를 정리한다.

③ 모래로 그린 작품을 감상한다.
- 물감이나 크레파스로 그린 그림과의 차이에 대해 이야기한다.

유 의 점

- 모래가 떨어지지 않도록 잘 붙인다.

확장활동

- 모래놀이 시 바닥에 흘렸을 때 신경을 쓸 필요가 없도록 모래밭에서 작업을 한다.

물고기 꾸미기

활동목표

- 여러 가지 색으로 표현할 수 있다.
- 종이를 찢으며 소근육을 발달시킨다.

표현기법 모자이크

자료 및 용구

- 도입자료 : 바닷속 그림자료, 물고기 모양의 도안
- 활동자료
  - 도화지, 다양한 색의 색종이
  - 접착제 : 물풀

활동방법

① 바닷속 그림자료를 통해 바닷속에 사는 생물에 대해 이야기한다.

② 물고기의 생김새에 대해 이야기한다.

- 물고기의 부분 명칭을 안다(눈, 코, 입, 등지느러미, 꼬리지느러미, 배지느러미, 뒷지느러미, 가슴지느러미, 비늘, 옆줄).

③ 물고기 모자이크 활동을 한다.

- 물고기 도안에 여러 가지 색상의 종이를 찢어 물고기를 꾸민다.

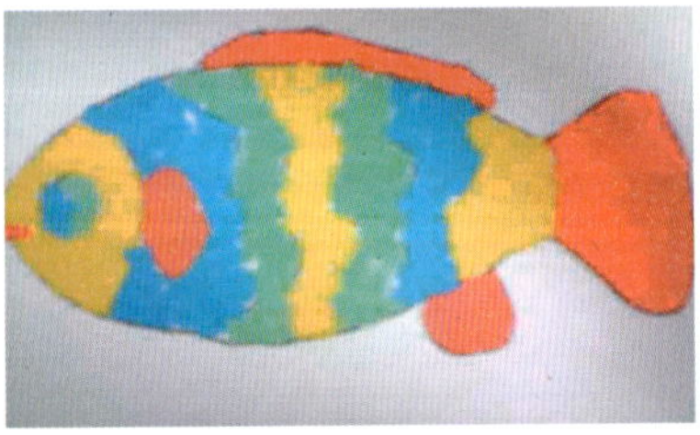

④ 바다 도안이 되어 있는 게시판에 물고기를 게시한다.

• 파란 망을 천장에 붙여 바다처럼 꾸민 후 다양한 물고기 작품을 매단다.

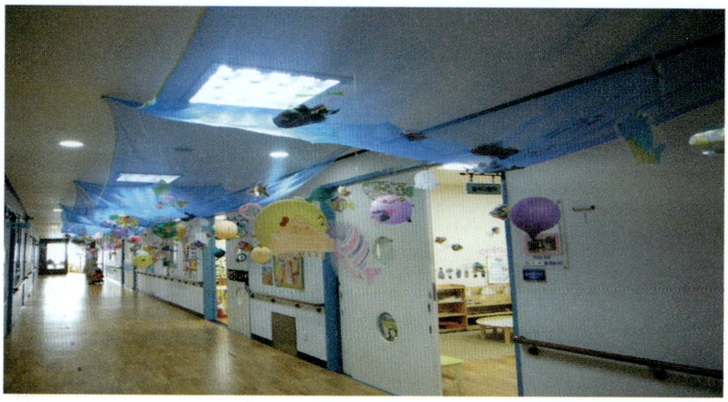

• 커다란 물고기 속에 바닷속 생물을 그려 넣는다.

• 뽁뽁이(에어캡 포장지)에 아크릴 물감으로 바다를 만들고 작품을 붙인다.

• 바닷속을 입체적으로 꾸민다.

꽃을 찾아 나비가 훨훨

활동목표

- 대칭관계를 이해한다.
- 색의 혼합에 따른 색깔의 변화를 관찰한다.

표현기법 데칼코마니

자료 및 용구

- 도입자료 : 봄에 볼 수 있는 동물(나비, 벌, 개구리)의 그림이나 동영상
- 활동자료
  - 나비 모양의 도화지
  - 그림물감

활동방법

① 봄에 볼 수 있는 동물(나비)의 특징에 대해 이야기한다.

② 나비 데칼코마니 작업을 한다.

- 비닐이나 신문지를 깔고 걸레를 준비한다.
- 준비된 나비 모양의 도화지를 반으로 접는다.
- 한 쪽 면에만 다양한 색의 물감을 짠다.
- 물감이 없는 면으로 덮고 잘 눌러 준다.
- 펴서 말린다.

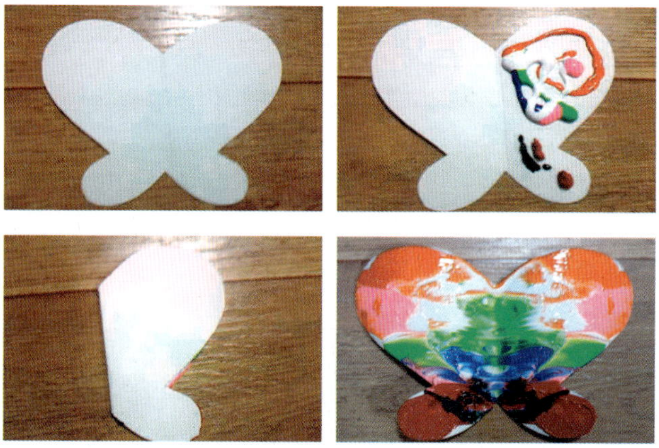

③ 손가락 찍기를 한 꽃밭 위에 전시한다.

확장활동

• 다른 디자인의 나비틀을 제공한다.

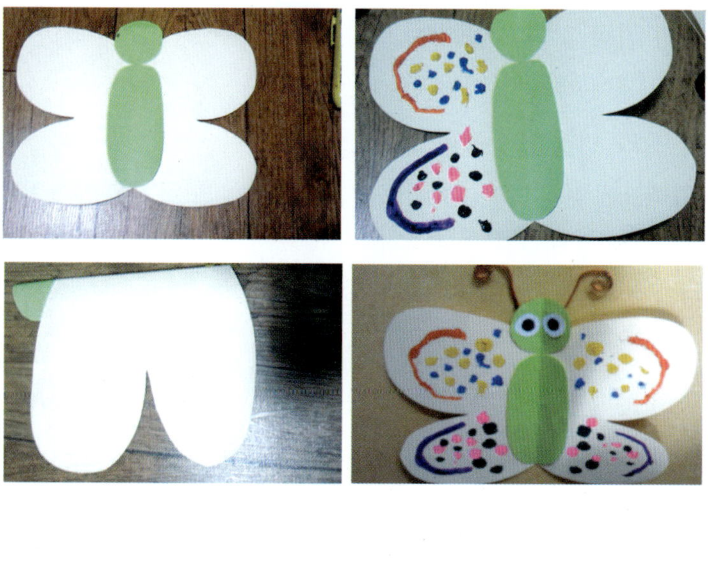

크리스마스트리 만들기

활동목표

- 손의 소중함을 안다.
- 손바닥 도장을 이용한 작품을 만든다.
- 손가락 지문을 관찰한다.

표현기법 신체(손바닥)를 이용한 찍기

자료 및 용구

- 활동자료
  - 도화지
  - 그림물감 용구(물감, 붓, 물통), 수건
  - 작업용구 : 가위, 물감패드

활동방법

① 신체에서 가장 많이 사용하는 부위에 무엇이 있는지 이야기한다.

② 손의 쓰임새에 대해서 이야기한다.

③ 손바닥 트리 만들기 활동을 한다.

- 물감패드에 손바닥을 대어 물감을 묻힌 후 도화지에 도장을 찍는다.
- 마른 뒤에 손바닥을 오려 낸다.

④ 게시판에 붙여 크리스마스트리를 완성한다.

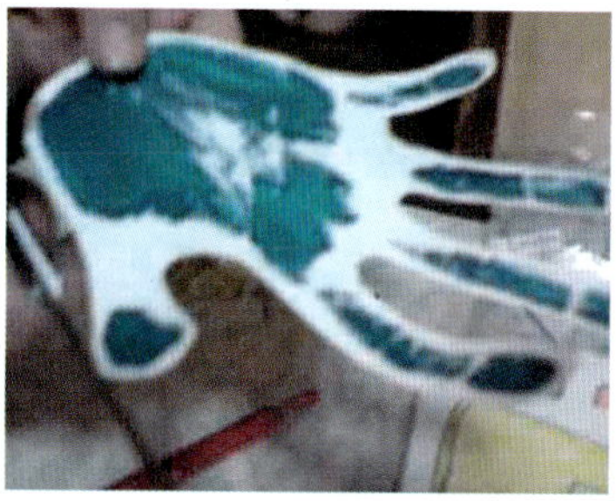

유 의 점

- 손바닥 찍기를 했을 때 나오는 지문과 손금에 관심을 가지게 한다.

확장활동

- 원형틀에 손바닥을 붙여 크리스마스 리스를 만든다.

봄이 왔어요

활동목표

- 봄의 풍경을 그린다.
- OHP 필름의 특성을 알고 활용한다.

표현기법 OHP 필름에 그리기

자료 및 용구

- 활동자료
  - OHP 필름, 색지
  - 채색도구 : 유성사인펜, 매직
  - 작업용구 : 가위

활동방법

① 봄동산 견학을 한다.
② 각각의 유아들이 OHP 필름 위에 봄의 풍경을 그린다.
③ 색지로 만든 원통에 봄의 풍경을 그린 OHP 필름을 끼워서 전시한다.

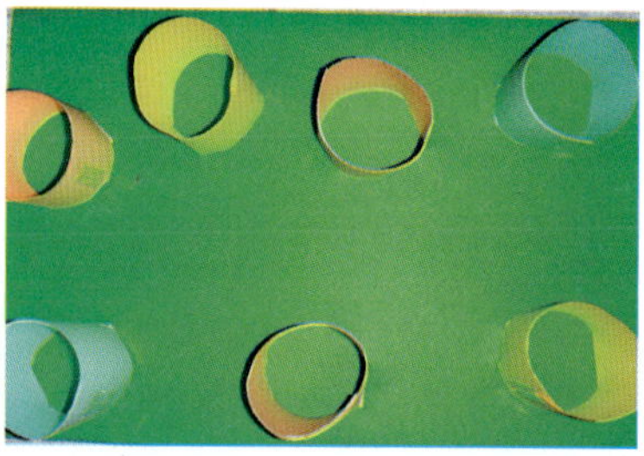

색지를 원통으로 말고 그 위에 OHP 필름 그림을 끼워 전시한다.

④ OHP 필름 2장을 겹쳐 다른 풍경을 만든다.

OHP 필름 그림을 겹친다.

그림이 잘 보이도록 OHP 필름 밑에 색지를 댄다.

〈 유리창에 두 사람의 OHP 필름 그림을 따로 붙인 모양 〉

〈 유리창에 두 사람의 OHP 필름 그림을 겹쳐 붙인 모양 〉

유 의 점

- 필름 모서리가 날카로우므로 미리 가위로 둥글게 정리해 놓는다.

고개 숙인 벼 이삭

활동목표

- 벼가 익기까지의 과정을 안다.
- 손가락 찍기로 벼 이삭을 표현할 수 있다.

표현기법 손가락 찍기

자료 및 용구

- 도입자료 : 벼가 익기까지의 과정을 설명하는 그림자료
- 활동자료
  - 도화지
  - 물감패드, 인주

활동방법

① 신문지를 깔고 물걸레를 준비한다.
② 물감패드나 인주를 준비한다.
③ 손가락으로 물감이나 인주를 묻혀 한지에 찍는다.

유의점

- 옷에 묻지 않도록 주의한다.

겨울잠을 자는 동물

활동목표

- 힘 조절과 물감의 농도에 따라 색의 표현이 달라지는 것을 알 수 있다.
- 겨울잠을 자는 동물을 안다.

표현기법 종이 구겨 찍기

자료 및 용구

- 도입자료 : 겨울잠을 자는 동물들 그림
- 활동자료
  - 전지, 한지, 신문지
  - 채색도구 : 그림물감, 붓
  - 작업용구 : 물감패드

활동방법

① 그림 자료를 통해 겨울잠을 자는 동물에 대해 이야기를 나눈다.

② 나무와 땅 속에서 겨울잠을 자는 동물들의 그림이 있는 게시판에 함께 모여 종이 구겨 찍기로 하늘과 땅을 표현한다.

유 의 점

- 물감이 옷에 묻지 않도록 주의한다.

우리 반이 만든 봄꽃동산

활동목표

- 미술활동에 즐겁게 참여한다.
- 손도장을 찍어 봄꽃동산을 만든다.
- 손도 미술도구가 될 수 있음을 안다.
- 친구와 협력하여 작품을 만든다.

표현기법

신체 찍기(협동화)

자료 및 용구

- 활동자료
  - 도화지
  - 채색도구 : 아크릴 물감(빨강, 노랑, 초록, 연두, 보라)
  - 작업용구 : 물감패드, 붓

활동방법

① 물감패드에 손바닥을 대어 물감을 묻힌다.

② 도화지에 손바닥과 발바닥을 찍는다.

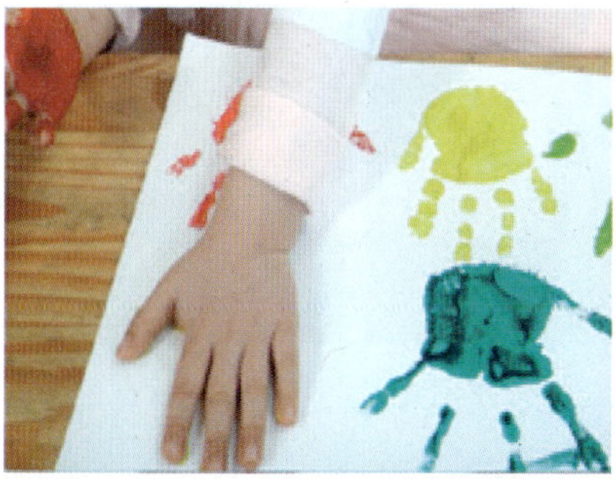

③ 말린 후 오려 낸다.

④ 모둠별로 손바닥 모양을 주고 봄에 피는 꽃이나 나비 등을 만들어 게시판에 붙여 봄꽃 동산을 만든다.

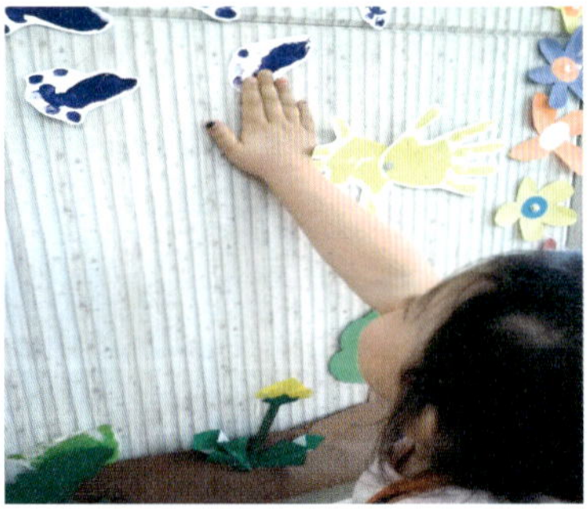

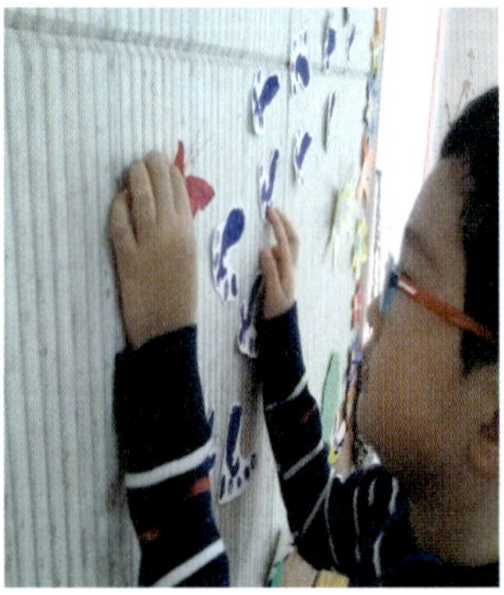

완성된 게시판

확장활동

- 유아들의 사진과 손바닥 발바닥으로 나무 모양으로 게시판을 만든다.

부 록

교사용 지침서에서의 미술활동

1. 3세 누리과정
2. 4세 누리과정
3. 5세 누리과정

누리과정 교사용 지침서에 나타난 예술경험 영역에서의 미술활동의 목록과 활동 기법을 정리하면 다음과 같다(교육과학기술부. 3·4·5세 누리과정 교사용 지도서 ①~⑪권).

1. 3세 누리과정

▷ 유치원/어린이집과 친구(3세 누리과정 교사용 지침서 ①)

생활주제		활동명	표현기법	쪽
주제	소주제			
유치원/어린이집의 환경	유치원/어린이집에서 함께 지내는 사람들 알아보기	(1-13)우리는 00반 친구	면봉 찍기	92
유치원/어린이집에서의 하루	등·하원하기	(2-6)하루일과표 액자 꾸미기	다양한 재료로 꾸미기	110
	급식(간식)먹기	(2-16)우리가 먹는 간식을 만들어요	점토(흰색) 빚기	137
유치원/어린이집에서 만난 친구	친구와 함께하기	(3-7)로션판화로 만든 친구 손 내 손	신체 찍기	156
		(3-17)친구머리 꾸며 주기	다양한 재료로 꾸미기	181
함께 놀이하는 유치원/어린이집	안전하게 놀이하기	(4-13)찰흙으로 오브제 만들기	점토(찰흙) 빚기	224
	함께 놀이할 때의 약속 알아보기	(4-5)약속 모빌 만들기	다양한 재료로 꾸미기	198

▷ 나와 가족(3세 누리과정 교사용 지침서 ②)

생활주제		활동명	표현기법	쪽
주제	소주제			
나의 몸과 마음	내 몸의 각 부분 명칭 알기	(1-6)내가 꾸민 얼굴	과자로 꾸미기	47
	나의 감정 알기	(1-17)미끌미끌 그림그리기	풀 그림	78
소중한 나	나의 일 스스로 하기	(2-6)청소도구 만들기	색종이 접기	100
		(2-18)도우미 옷 만들기	비닐에 그리기 및 꾸미기	131

생활주제		활동명	표현기법	쪽
주제	소주제			
소중한 가족	가족의 구성원 알기	(3-18)가족 명화 감상하기	감상	184
	가족의 소중함 알기	(3-8)감사 카드를 꾸며요	카드 그리기 및 꾸미기	155
행복한 우리집	우리 집에 대해 관심 가지기	(4-5)방(거실, 부엌) 꾸미기	잡지 콜라주	201
		(4-18)우리 집을 꾸며요	상자 꾸미기	235
	우리 집 문화에 관심 가지기	(4-6)가족이 함께하고 싶은 일	액자 꾸미기	203
	다양한 가족에 관심 가지기	(4-19)동그라미 가족과 세모 가족	모양 종이로 꾸미기	237

▷ 우리 동네(3세 누리과정 교사용 지침서 ③)

생활주제		활동명	표현기법	쪽
주제	소주제			
우리 동네 모습	우리 동네에 관심 가지기	(1-18)신발가게를 꾸며보아요	상자 꾸미기 전시하기	86
	우리 동네 알아보기	(1-7)꽃길을 꾸며요	찍기	50
우리 동네 생활	우리 동네 공공기관 찾아보기	(2-10)어떤 간판을 달까?	공판화 (스텐실)	123
	우리 동네 생활공간 활용하기	(2-9)봉지 디자이너가 되어 보기	봉지에 그리기, 꾸미기	120
		(2-18)동네 입구 표지석 만들기	조형물 만들기, 꾸미기	153
우리 동네 사람들	우리 동네 사람들에게 관심 가지기	(3-7)동네 사람들의 얼굴	비닐장갑 꾸미기	182
	동네 사람들이 하는 일에 관심 가지기	(3-10)하는 일이 달라요	직업그림 도안에 칠하기	218

▷ 동식물과 자연(3세 누리과정 교사용 지침서 ④)

생활주제		활동명	표현기법	쪽
주제	소주제			
궁금한 동식물	주변의 동식물 찾아보기	(1-5)향기주머니 만들기	향기주머니에 그리기	50
궁금한 동식물	주변의 동식물에 관심 가지기	(1-13)무지개 물고기 풀 그림	비늘 모양 아세테이트에 풀 그림그리기	76
동물과 우리의 생활	동물과 함께하는 즐거움 느끼기	(2-8)내가 좋아하는 동물모양 목걸이 만들기	지점토 빚기	112
식물과 우리의 생활	식물과 함께하는 즐거움 느끼기	(3-7)솔잎 붓 그림그리기	그리기	157
		(3-8)나뭇잎 도장 찍기	나뭇잎 찍기	159
		(3-17)꽃잎과 나뭇잎으로 인형을 꾸며요	꾸미기	186
자연과 더불어 사는 우리	자연에서 놀아보며 즐거움 느끼기	(4-3)나뭇잎으로 꾸며요	투명주머니 만들기, 그리기	201

▷ 건강과 안전(3세 누리과정 교사용 지침서 ⑤)

생활주제		활동명	표현기법	쪽
주제	소주제			
즐거운 운동과 휴식	적절하게 운동하기	(1-6)운동기구 만들기	만들기 및 꾸미기	48
		(1-14)신문지로 공을 꾸며요	신문지로 만들기	73
깨끗한 나와 환경	주변을 깨끗이 하기	(2-9)내 물건 정리함 만들기	만들기	101
맛있는 음식과 건강	즐겁게 먹기	(3-7)맛있는 음식 만들기	점토로 만들기 및 모양 찍기	144
		(3-14)식탁보를 만들어요	헝겊에 아크릴물감으로 도장 찍기	164
안전한 놀이와 생활	교통안전 생활화하기	(4-12)차와 사람이 다니는 길은 달라요	롤러 찍기 바퀴 굴려 찍기	202

▷ 생활도구(3세 누리과정 교사용 지침서 ⑥)

생활주제		활동명	표현기법	쪽
주제	소주제			
다양한 생활도구	내가 사용하는 생활도구 알아보기	(1–13)먼지떨이를 만들어요	만들기	62
		(1–32)생활도구 콜라주	콜라주	105
	생활도구 안전하게 사용하기	(1–14)생활도구 만들기	만들기	64
		(1–33)분무기로 그려요	사인펜으로 그리기와 번지기	107
생활도구를 움직이는 힘	생활도구에 사용되는 에너지 절약방법에 관심을 갖기	(2–24)다양한 붓으로 그려요	물감으로 그리기	174
생활도구로서의 미디어	미디어 즐겁게 사용하기	(3–8)마이크 만들기	만들기	194
		(3–20)그림책 표지를 디자인해요	그리기 붙이기	222
		(3–21)그림이 움직여요	미디어아트 감상	224

▷ 교통기관(3세 누리과정 교사용 지침서 ⑦)

생활주제		활동명	표현기법	쪽
주제	소주제			
여러 가지 육상 교통기관	육상 교통기관과 관련한 여러 모양 탐색하기	(1–10)굴러라 바퀴야	바퀴 굴려 찍기	57
고마운 육상 교통기관	유아 주변의 일하는 육상 교통기관에 관심 갖기	(2–10)자연물로 자동차 만들기	찰흙으로 빚고 나뭇잎과 열매로 꾸미기	101
항공/해상 교통기관	항공/해상 교통기관의 종류 탐색하기	(3–14)우리들의 배를 만들어요	풀 그림	158
	항공/해상 교통기관의 모양과 특성 탐색하기	(3–10)알록달록 열기구	구슬 굴리기	145
		(3–11)두둥실 종이배	종이접기	149

생활주제		활동명	표현기법	쪽
주제	소주제			
즐거운 교통생활	즐거운 교통 생활하기	(4-9)우리가 이용한 교통기관	그리기와 모양 오려 붙이기	188
		(4-10)우리 동네에서 본 교통기관 도장 찍기	모루도장 찍기	192
	안전한 교통 생활하기	(4-11)신호등을 꾸며요	모양 오려 붙이기	194

▷ 우리나라(3세 누리과정 교사용 지침서 ⑧)

생활주제		활동명	표현기법	쪽
주제	소주제			
우리나라 사람들의 생활	우리나라의 옷 경험하기	(1-4)한복에 문양을 넣어요	문양 오려붙이기	45
		(1-7)황토 염색주머니 만들기	염색	58
	우리나라의 집 관심 갖기	(1-21)흙벽 집을 만들어요	짚과 풀을 섞은 황토 바르기 및 흙벽돌 만들기	102
	우리나라의 생활 도구 경험하기	(1-25)단오 부채 꾸미기	부채에 도장 찍기	115
우리나라의 놀이와 예술	우리나라의 옛 그림 감상하기	(2-13)먹물로 그리기	먹물 그리기	166
	우리나라의 노래와 춤 경험하기	(2-21)둥둥둥! 북 만들기	분유통으로 북 만들기	191

▷ 환경과 생활(3세 누리과정 교사용 지침서 ⑨)

생활주제		활동명	표현기법	쪽
주제	소주제			
물과 우리 생활	물놀이하기	(1-8)물 위에 배가 둥둥둥	우유곽으로 만들기	52
	물 이용하기	(1-4)색 얼음으로 그려요	얼음으로 그리기	41

생활주제		활동명	표현기법	쪽
주제	소주제			
돌 · 흙과 우리 생활	돌 · 흙 이용하기	(2-4)흙 풀 그림	흙과 풀로 그리기	72
		(2-5)돌 마라카스 만들기	만들기	74
바람 · 공기와 우리 생활	바람 · 공기와 놀이	(3-9)바람이 그린 그림	콜라주	118
		(3-10)뽀글뽀글 거품그림	거품그림	121
	생활 속에서 바람 · 공기 이용하기	(3-1)바람인형 만들기	비닐봉투에 그리기	95
빛과 우리 생활	빛과 그림자 탐색하기	(4-4)알록달록 그림자	풀로 붙이기	136
소리와 우리 생활	소리와 함께 생활하기	(5-3)소리를 키우기	만들기와 꾸미기	165

▷ 봄 · 여름 · 가을 · 겨울(3세 누리과정 교사용 지침서 ⑩)

생활주제		활동명	표현기법	쪽
주제	소주제			
봄	봄 날씨 느끼기	(1-7)봄비가 내려요	물감 흘리기	52
	봄 풍경 즐기기	(1-8)벚꽃 나무 만들기	종이죽(휴지)콜라주	55
여름	여름 풍경 즐기기	(2-5)여름 꽃목걸이	점토 빚기	92
		(2-6)여름 숲 꾸미기	찍기 그리기	94
	더운 여름나기	(2-7)색깔얼음으로 그림그리기	얼음으로 그리기	96
가을	가을 풍경 즐기기	(3-5)따로 또 같이	한지로 조각보 만들기	139
		(3-6)낙엽 · 열매 콜라주	핸디코트에 콜라주하기	142
	풍성한 가을 지내기	(3-7)가을 과일 만들기	만들기	146
겨울	겨울 날씨 즐기기	(4-9)재활용지 눈송이 만들기	만들기	204
		(4-18)얼음나무 만들기	만들기	234

2. 4세 누리과정

▷ 유치원과 친구(4세 누리과정 교사용 지침서 ①)

생활주제		활동명	표현기법	쪽
주제	소주제			
유치원/어린이집의 환경	유치원/어린이집 돌아보기	(1-5)약속액자 만들기	만들기	72
유치원/어린이집에서의 하루	자유선택활동 계획과 평가하기	(2-7)나만의 사인 만들기	그리기	112
	바른 자세로 급식(간식)먹기	(2-8)내가 조리사 선생님이라면	음식 그리기 콜라주	114
유치원/어린이집에서 만난 친구	친구와 다른 점 알아보기	(3-6)우리 반 친구 나무 만들기	그리기 꾸미기	166
		(3-16)자연의 무늬로 친구의 옷 무늬 꾸미기	오리기 붙이기	195
함께 만드는 유치원/어린이집	유치원/어린이집의 특별한 날 알아보기	(4-14)몸으로 함께 표현하는 우리들의 나무 이야기	오리기 붙이기	235
	유치원/어린이집의 좋은 점 찾아보기	(4-5)자랑스러운 유치원/어린이집 병풍 만들기	그리기 오리기 붙이기	209

▷ 나와 가족(4세 누리과정 교사용 지침서 ②)

생활주제		활동명	표현기법	쪽
주제	소주제			
나의 몸과 마음	내 몸의 각 부분 특징 알기	(1-7)우리는 서로 다른 점이 있대요	감상 및 꾸미기	53
	나의 출생과 성장에 관심 갖기	(1-17)춤추는 내 손가락	지문 찍기	82
	나의 감정 알고 표현하기	(1-8)선물 만들기	만들기	55

생활주제		활동명	표현기법	쪽
주제	소주제			
소중한 나	나의 몸 소중히 여기기	(2-6)얼굴 사진을 이용한 콜라주	콜라주	104
	나의 특별함 알기	(2-16)장신구 만들기	만들기	130
	나의 일 스스로 하기	(2-17)나에게 주는 상장 만들기	쓰기 그리기	132
소중한 가족	가족이 하는 일 알기	(3-7)우리 가족이 좋아하는 것	활동지에 콜라주	155
		(3-16)가족 화분을 만들어요	쓰기 칠하기	181
	가족의 소중함을 알고 표현하기	(3-8)손가락 인형	색종이 접기	157
		(3-17)우리 가족 명화	감상 그리기	184
가족의 생활과 문화	가족의 문화 알기	(4-7)우리 가족 음악 신문을 만들어요	쓰기 꾸미기	206
		(4-16)축하 왕관 색종이 접기	색종이 접기	233

▷ 우리 동네(4세 누리과정 교사용 지침서 ③)

생활주제		활동명	표현기법	쪽
주제	소주제			
우리 동네 모습	우리 동네에 관심 가지기	(1-5)반짝반짝 우리 동네의 밤	스크래치	49
	우리 동네 둘러보기	(1-13)올망졸망 집짓기	입체조형물 꾸미기	79
우리 동네 생활	우리 동네 자연 공간 관심 가지기	(2-16)점토로 만든 우리 동네 숲	점토에 조형물 꾸미기	110
	우리 동네 생활공간 활용하기	(2-13)그림 속 우리 동네	감상	132
우리 동네 사람들	우리 동네 사람들에게 관심 가지기	(3-6)우리 동네 사진관	그리기 꾸미기	160
우리 동네 전통과 문화	우리 동네 전통과 문화에 관심 가지기	(4-5)우리 동네 캐릭터 꾸미기	그리기 만들기	211
		(4-13)현수막은 우리 동네 알리미	쓰기 그리기	243

▷ 동식물과 자연(4세 누리과정 교사용 지침서 ④)

생활주제		활동명	표현기법	쪽
주제	소주제			
궁금한 동식물	상상 속의 동식물에 관심 가지기	(1-7)상상의 나무 만들기	만들기 꾸미기	46
		(1-16)상상의 동물! 용을 만들어요	점토 빚기	69
	사라진 동물에 관심 가지기	(1-6)공룡 발자국 찍기	물감으로 발자국 찍기	44
동물과 우리의 생활	동물과 함께하는 즐거움 느끼기	(2-16)이 그림에는 이 동물이 있으면 더 멋지겠어	오려 붙이기	126
식물과 우리의 생활	식물과 함께하는 즐거움 느끼기	(3-8)꽃 누르미 액자	붙이기	152
		(3-14)꽃의 색을 찍어요	아세테이트지에 찍기	168
자연과 더불어 사는 우리	사라져가는 동식물에 관심 가지기	(4-4)북극곰을 살리는 발자국	발자국 찍기	185
	자연과 더불어 살아가기	(4-16)우리가 느낀 자연은 이런 느낌이예요.	붓으로 그리기 및 칠하기	221

▷ 건강과 안전(4세 누리과정 교사용 지침서 ⑤)

생활주제		활동명	표현기법	쪽
주제	소주제			
즐거운 운동과 휴식	적절하게 운동하기	(1-9)응원도구 만들기	CD에 그리기와 꾸미기	55
		(1-15)운동과 관련된 미술 작품 감상하기	감상	74
깨끗한 나와 환경	나를 깨끗이 하기	(2-7)비누거품 그림	옷 모양 종이에 거품 찍기	97
	질병 예방하기	(2-15)금연 포스터 그리기	그리기	126
맛있는 음식과 건강	즐겁게 먹기	(3-7)나만의 앞치마	아세테이트에 그리기와 붙이기	149
	바르게 먹기	(3-16)자연물로 건강한 밥상 차리기	점토 빚기와 만들기	182
안전한 놀이와 생활	위험한 상황 대처하기	(4-7)위험을 알리는 호루라기	만들기	208

▷ 생활도구(4세 누리과정 교사용 지침서 ⑥)

생활주제		활동명	표현기법	쪽
주제	소주제			
다양한 생활 도구	주변에 있는 생활도구 알아보기	(1–26)생활도구 본뜨기	안개그림(분무기)	90
	편리해진 생활도구 알아보기	(1–9)사진기를 만들어요	만들기와 꾸미기	50
	생활도구 유용하게 활용하기	(1–27)비밀그림을 그려요	그리기(양초)	93
생활도구를 움직이는 힘	생활도구를 움직이는 힘 찾아보기	(2–16) '풍차' 그림을 감상해요	감상	145
	생활도구를 움직이는 다양한 힘 사용하기	(2–6)바람개비 만들기	만들기	116
생활도구로서의 미디어	미디어가 생활에 주는 유익함 알기	(3–18)QR코드 꾸미기	그리기 꾸미기	195
	미디어 즐겁게 사용하기	(3–9)컴퓨터로 그림을 그려요	그리기	174
		(3–19)움직이는 그림책	감상	198
미래의 생활 도구	필요한 생활도구 알아보기	(4–14)나만의 컵 디자인	꾸미기 (디자인)	233
	새로운 생활도구 알아보기	(4–6)우리를 위한 애완로봇	만들기 꾸미기	214

▷ 교통기관(4세 누리과정 교사용 지침서 ⑦)

생활주제		활동명	표현기법	쪽
주제	소주제			
여러 가지 육상 교통기관	육상 교통기관의 특성 알아보기	(1–6)내가 만들고 싶은 자동차	콜라주 그리기	46
		(1–14)자동차가 있는 거리	콜라주 그리기	73
고마운 육상교통기관	일하는 육상 교통기관 알아보기	(2–14)비누 반죽 그림	그리기	114

생활주제		활동명	표현기법	쪽
주제	소주제			
항공/해상 교통 기관	항공/해상 교통 기관 움직임과 변천과정 알아보기	(3-14)종이비행기 접시	종이접시	160
	항공/해상 교통 기관과 관련된 직업 알아보기	(3-8)배가 나오는 명화를 감상해요	감상	146
즐거운 교통 생활	교통안전 규칙 알아보기	(4-8)교통표지판 스텐실	스텐실	190

▷ 우리나라(4세 누리과정 교사용 지침서 ⑧)

생활주제		활동명	표현기법	쪽
주제	소주제			
우리나라 사람들의 생활	우리나라의 옷 구경하기	(1-6)노리개를 염색해요	염색	47
	우리나라의 음식 즐기기	(1-16)찻잔 만들기	점토 빚기	73
	우리나라의 집 관심 갖기	(1-18)아름다운 문살을 감상해요	OHP 필름에 그리기와 칠하기	78
우리나라의 놀이와 예술	우리나라의 전통놀이 즐기기	(2-4)자연물 팽이를 만들어요	만들기	102
		(2-5)짚풀 인형 만들기	만들기	106
		(2-8)딱지 꾸미기	종이접기 꾸미기	115
	우리나라의 옛 그림 감상하기	(2-10)초충도 꾸미기	부분그림 그리기	121
		(2-12)병풍 만들기	먹물로 그리기	127
		(2-13)풍속도 그리기	먹물로 그리기	129
우리나라의 역사	우리나라 과거, 현재, 미래에 대하여 알아보기	(3-7)토우 만들기	찰흙 빚기	165
		(3-8)신라시대 금관 만들기	콜라주 꾸미기	168

생활주제		활동명	표현기법	쪽
주제	소주제			
우리나라의 자랑거리	우리나라의 상징 알아보기	(4–2)한글 디자인	꾸미기 (디자인)	190
	우리나라의 자랑스러운 모습 알아보기	(4–8)내가 만든 지폐	만들기 (디자인)	207

▷ 세계 여러 나라(4세 누리과정 교사용 지침서 ⑨)

생활주제		활동명	표현기법	쪽
주제	소주제			
세계 여러 나라 사람들의 생활	세계 여러 나라 사람들의 모습에 관심 가지기	(1–6)세계 여러 나라의 친구	만들기 (막대인형)	47
	세계의 다양한 의 · 식 · 주생활 알아보기	(1–7)세계 여러 나라의 집 판화 찍기	찍기	50
세계 여러 나라의 문화유산	세계 여러 나라의 이야기 알아보기	(2–6)동화 속 주인공 줄 인형 만들기	만들기 (줄 인형)	101
세계 여러 나라의 교류	세계 여행에 관심 가지기	(3–7)세계 돌탑 쌓기 여행	돌탑 쌓기	155
		(3–15)떠나자! 명화 속 여행	꾸미기 (디자인)	178
세계의 자연 현상과 사회현상	세계의 자연 알아보기	(4–6)세계의 자연으로 떠나요	꾸미기 (콜라주)	194

▷ 환경과 생활(4세 누리과정 교사용 지침서 ⑩)

생활주제		활동명	표현기법	쪽
주제	소주제			
물과 우리생활	물 이용하기	(1–8)나의 수족관	만들기 꾸미기	51
돌 · 흙과 우리 생활	돌 · 흙 이용하기	(2–5)울퉁불퉁 돌로 꾸며요	꾸미기	78
바람 · 공기와 우리생활	맑은 바람 · 공기 만들기	(3–2)전기절약 홍보 스티커 만들기	쓰기 그리기	103

<table>
<tr><th colspan="2">생활주제</th><th rowspan="2">활동명</th><th rowspan="2">표현기법</th><th rowspan="2">쪽</th></tr>
<tr><th>주제</th><th>소주제</th></tr>
<tr><td rowspan="2">빛과 우리생활</td><td>빛과 그림자 탐색하기</td><td>(4-6)빛이 만든 작품</td><td>OHP에서 나뭇잎 꾸미기</td><td>150</td></tr>
<tr><td>빛을 유용하게 사용하기</td><td>(4-7)빛으로 색깔 옷 만들기</td><td>꾸미기</td><td>153</td></tr>
<tr><td>소리와 우리생활</td><td>소리 만들기</td><td>(5-4)에그 세이크 만들기</td><td>만들기</td><td>181</td></tr>
</table>

▷ 봄 · 여름 · 가을 · 겨울(4세 누리과정 교사용 지침서 ⑪)

<table>
<tr><th colspan="2">생활주제</th><th rowspan="2">활동명</th><th rowspan="2">표현기법</th><th rowspan="2">쪽</th></tr>
<tr><th>주제</th><th>소주제</th></tr>
<tr><td rowspan="2">봄</td><td rowspan="2">봄 풍경 즐기기</td><td>(1-8)내가 느끼는 봄의 색</td><td>마블링</td><td>52</td></tr>
<tr><td>(1-17)봄에 대한 생각을 들어 보아요</td><td>감상</td><td>76</td></tr>
<tr><td rowspan="2">여름</td><td>여름 풍경 즐기기</td><td>(2-10)여름 꽃, 과일로 물들여 그림 그리기</td><td>염색</td><td>105</td></tr>
<tr><td>더운 여름나기</td><td>(2-11)재미있는 물놀잇감</td><td>만들기</td><td>108</td></tr>
<tr><td>가을</td><td>가을 풍경 즐기기</td><td>(3-7)나뭇잎 분무기 그림</td><td>안개그림</td><td>150</td></tr>
<tr><td>겨울</td><td>추운 겨울나기</td><td>(4-7)나만의 전통 연 꾸미기</td><td>만들기 그리기</td><td>200</td></tr>
</table>

3. 5세 누리과정

▷ 유치원과 친구(5세 누리과정 교사용 지침서 ①)

생활주제		활동명	표현기법	쪽
주제	소주제			
유치원의 환경	우리 반 이름과 교실 알아보기	(1-4)우리 반의 로고를 만들어 보아요	그리기 (디자인)	44
유치원에서 만난 친구	나와 친구	친구 사진으로 확장그림 그리기	부분그림 그리기	133
	친구의 의미 알기	친구이름으로 꾸미기	문자도 꾸미기	136
함께 만드는 유치원	우리유치원의 상징 알아보기	유치원을 나타내는 깃발을 만들어요	염색 (전사)	178
	우리가 만들고 싶은 유치원 계획하기	미래의 유치원을 설계해 보아요	그리기 (설계)	180

▷ 나와 가족(5세 누리과정 교사용 지침서 ②)

생활주제		활동명	표현기법	쪽
주제	소주제			
나의 몸과 마음	나의 출생과 성장 과정 알기	(1-7)나는 자라요	책 만들기	44
		(1-9)재미있는 얼굴	음식으로 꾸미기	49
소중한 나	나의 일 스스로 하기	(2-12)나는 할 수 있어요	접기 오려붙이기	90
소중한 가족	가족과 화목하게 지내기	(3-12)길 떠나는 가족	감상 그리기	131
		(3-15)우리 가족을 위한 선물상지를 꾸며요	종이접기 꾸미기	139
가족의 생활과 문화	가족의 생활 알기	(4-1)우리 집 별미를 만들어요	점토 빚기	142

▷ 우리 동네(5세 누리과정 교사용 지침서 ③)

생활주제		활동명	표현기법	쪽
주제	소주제			
우리 동네 모습	우리 동네 둘러 보기	(1-7)우리 동네를 함께 꾸며요	우리 동네 꾸미기	50
우리 동네 생활	우리 동네 생활공간 활용하기	(2-8)색이 있는 동네	OHP 필름에 그리기	95
우리 동네 사람들	우리 동네 사람들이 하는 일 알아보기	(3-6)패션 디자이너가 되어 보아요	만들기 (디자인)	136
우리 동네 전통과 문화	우리 동네를 아끼고 사랑하기	(4-7)우리 동네 벽을 아름답게 꾸며요	그리기 꾸미기	190

▷ 동식물과 자연(5세 누리과정 교사용 지침서 ④)

생활주제		활동명	표현기법	쪽
주제	소주제			
궁금한 동식물	좋아하는 동식물 탐구하기	(1-10)나무 명화 감상	감상	61
	상상 속의 동식물 탐구하기	(1-11)이런 동물도 있어요	그리기	64
식물과 우리의 생활	식물과 함께하는 즐거움 느끼기	(3-5)풀과 벌레를 그려요	감상 그리기	135
	식물이 주는 이로움 알아보기	(3-6)재미있는 염색 놀이	염색	138
자연과 더불어 사는 우리	자연과 더불어 살아가기	(4-4)자연물로 꾸미기	꾸미기	184

▷ 건강과 안전(5세 누리과정 교사용 지침서 ⑤)

생활주제		활동명	표현기법	쪽
주제	소주제			
즐거운 운동과 휴식	적절하게 운동하기	(1-3)운동하는 모습 찰흙으로 빚기	찰흙 빚기	39
맛있는 음식과 영양	즐겁게 먹기	(3-5)음식과 관련된 명화 감상하기	감상	127
안전한 놀이와 생활	안전하게 놀이하기	(4-6)소화기 만들기	입체조형 만들기	176

▷ 생활도구(5세 누리과정 교사용 지침서 ⑥)

생활주제		활동명	표현기법	쪽
주제	소주제			
다양한 생활도구	생활도구 변천과정 알아보기	(1-5)씨름판이 변했어요	그리기	44
	생활도구 안전하게 사용하기	(1-6)냄비 장갑 만들기	바느질하기 꾸미기	46
생활도구를 움직이는 힘	생활도구를 움직이는 힘을 효율적으로 사용하기	(2-4)막대 하모니카를 만들어요	만들기	98
생활도구로서의 미디어	미디어가 생활에 주는 유익함 알기	(3-6)나도 예술가	꾸미기 (비디오아트)	142
	미디어 유용하게 활용하기	(3-7)우리 집 소식을 알려요	쓰기 그리기	145

▷ 교통기관(5세 누리과정 교사용 지침서 ⑦)

생활주제		활동명	표현기법	쪽
주제	소주제			
교통기관의 종류	내가 이용한 교통기관 알아보기	(1-2)북적북적 자동차를 그려요	그리기	37
	육상 교통기관 알아보기	(1-9)자동차가 있는 풍경	명화 재구성	57

생활주제		활동명	표현기법	쪽
주제	소주제			
교통기관의 변천 과정과 구조	교통기관의 구조 탐색하기	(3-8)배를 만들어요	종이접기 만들기	153
교통 통신과 교통 생활	교통기관과 관련된 직업 알아보기	(4-8)모터쇼를 열어요	만들기	193

▷ 우리나라(5세 누리과정 교사용 지침서 ⑧)

생활주제		활동명	표현기법	쪽
주제	소주제			
우리나라 사람들의 생활	우리나라의 옷 살펴보기	(1-3)족두리와 사모	만들기	41
	우리나라의 집 알아보기	(1-13)어처구니 만들기	점토 빚기	71
	우리나라의 생활도구 알아보기	(1-17)한지 그릇 만들기	만들기	83
우리나라의 놀이와 예술	우리나라의 전통놀이 즐기기	(2-2)날아라 방패연	만들기	90
	우리나라의 옛 그림 감상하기	(2-10)사군자 그리기	그리기	116

▷ 세계 여러 나라(5세 누리과정 교사용 지침서 ⑨)

생활주제		활동명	표현기법	쪽
주제	소주제			
세계 여러나라 사람들의 생활	세계 여러 나라 사람들의 모습 알아보기	(1-7)세계 여러 나라 사람 막대 인형을 만들어요	만들기 꾸미기	54
세계 여러 나라의 문화유산	세계의 위인 알아보기	(2-5)나도 고흐처럼	만들기 (핸디코트)	107
세계 여러 나라의 교류	세계 여행 관심 갖기	(3-5)세계로 여행해요	포토몽타주	161
	여러 나라의 경제 알아보기	(3-6)세계 속에 우리 것을 알려요	광고지 만들기	164

▷ 환경과 생활(5세 누리과정 교사용 지침서 ⑩)

생활주제		활동명	표현기법	쪽
주제	소주제			
돌 · 흙과 우리 생활	돌 · 흙 탐색하기	(2–1)흙 모자이크	가루, 그림(흙)	73
	돌 · 흙 이용하기	(2–2)와당 목걸이 만들기	만들기	77
바람 · 공기와 우리 생활	생활 속에서 바람 이용하기	(3–3)풍향계 만들기	만들기	120
빛과 우리 생활	빛과 그림자 탐색하기	(4–4)그림자와 함께하는 그림	그리기	158
소리와 우리 생활	소리 탐색하기	(5–4)명화 속에 소리가 있어요	감상	194
	소리 만들기	(5–9)카쥬 만들기	만들기	197

▷ 봄 · 여름 · 가을 · 겨울(5세 누리과정 교사용 지침서 ⑪)

생활주제		활동명	표현기법	쪽
주제	소주제			
봄	봄 풍경 즐기기	(1–6)OHP 필름에 봄꽃 그리기	그리기	49
여름	여름 풍경 즐기기	(2–5)얼음 그림그리기	그리기	91
	더운 여름나기	(2–6)여름철 생활용품 발명하기	만들기	94
가을	가을 날씨 알기	(3–5)가을 하늘 만들기	칠하기 그리기	146
	가을 풍경 즐기기	(3–6)단풍잎 가루로 작품 만들기	가루그림 (단풍잎 가루)	149
겨울	겨울 풍경 즐기기	(4–10)이야기 듣고 겨울동산 꾸미기	감상 그리기	222

참고 문헌

교육과학기술부 · 보건복지부(2013). 3~5세 연령별 누리과정 해설서.

교육과학기술부(2013). 5세 누리과정 교사용지도서 11권, 봄 · 여름 · 가을 · 겨울.

교육과학기술부 · 인천광역시유아교육진흥원(2013). 3~5세 연령별 누리과정 운영지원을 위한 교사 연수자료집.

김재은(1990). 인물화에 의한 간편지능검사(5판). 파주 : 교육과학사.

김정(1985). 아동회화의 이해. 서울 : 창지사.

노부자(1993). 현대미술교육의 새로운 동향. 조형교육, 9.

류지후 · 유혜숙 · 양경희 · 박정선(2001), 유아를 위한 조형활동의 통합적 접근. 서울 : 창지사.

박은덕(1997). 은덕이의 아동화 이야기. 파주 : 양서원.

심성경 외(2007). 유아미술교육. 경기 : 공동체.

양경희(2008). 새로운 개념에 기초한 아동미술교육. 서울 : 학지사.

이쌍재(1996). 초등 미술과 감상 지도의 내용과 방법. 한국초등미술교육.

이숙재 외(2002). 유아미술교육. 서울 : 창지사.

이정욱(2003). 탐색 · 표현 · 감상의 통합적 유아미술교육. 경기 : 정민사.

이정욱 외(2003). 유아의 미술적 발달. 경기 : 정민사.

이현아(2010). 유 · 아동 미술교육의 이해. 서울 : 태영출판사.

정미경(1999). 중앙대학교대학원 유아교육학과 유아교육전공 박사학위 논문.

정문자 · 지혜련 · 이숙재(1995). 창작공예의 이론과 실제. 서울 : 신광출판사.

한국미술교과교육학회(1999). 유아미술교육학. 서울 : 학문사.

한국정신문화연구원(1995). 한국민족문화대백과사전 8.

홍혜자(1988). 유아의 그리기 및 찰흙 활동에 관한 일 연구-인물표현을 중심으로. 조형교육, 제4집, 43~50.

Amery, H & Civardi, A.(1975). *The Knowhow Book of Print and Paint.*

Usborn Publishing Ltd 20 Garrick Street, London WC2 9BJ, England.

Arnheim (1954). *Art and visual perception.* Berkely : University of California Press.

Brittain, W. L (1979). *Creating, Art, and Young child.* NY : Macmillan Company.

Brody, H. S.(1988). *Aesthetic and curriculum discourse.* Scottsdale, AZ : Gorsuch Scarisbrick.

Cherry, C. (1999). *Creative Art For The Developing Child : A Teachers Handbook for Early Childhood Education*(3dr ed.). CA : Fearon.

Eisner, E, W. (1982). *The relationship of theory anf practice in the art education.* Art Education, NAEA.,1.

Frost, J. L. (1992). *Play and Playscapes.* Albany, NY : Delmar Publishers.

Goodenough, F. (1926). *Measurement of intelligence by drawings.* New York: Harcourt, Brace & World.

Harris, D. (1963). *Children's drawings as measurement of intellectual maturity.* New York: Harcourt, Brace & World.

Isenberg, J. P., & Jalongo, M. R. (2001). *Creative expression and play in the early childhood curriculum.* New York : Prentice-Hall. Inc.

Kellogg, R. (1969). *Analyzing Children's Art.* CA : Mayfield Publishing.

Koster, J. B. (2001). *Growing artists : Teaching art to young children*(2nd ed.). Albany. NY : Delmar.

Lowenfeld, V. (1952). *Creative and mental growth.* NY : Macmillan Company.

Lowenfeld, V. & Brittain, W. L. (1975). *Creative and mental growth*(6th ed.). NY : Macmillan Company.

Mc Kim, R. H. (1980). *Thinking Visually.* 김이환 역(1995). 시각적 사고. 서울 : 평민사.

Schirrmacher, R. (1998). *Art and creative development for young children.* Albany, NY : Delma.

Seefelt, C. (1980). *Teaching young children.* Englewood Cliffs, NJ : Prentice-Hall.

Tribune Education(2000). *The complete book of art & crafts.* NY : McGrow-Hill Children's Publishing.

저자 소개

임은숙

〈약력〉

- 이화여자대학교 교육학과(학령전교육 전공) 졸업(학사)
- 이화여자대학교 대학원 교육학과(유아교육전공) 졸업(문학석사)
- 서울여자대학교 대학원 아동학과(유아교육전공) 졸업(문학박사)
- 현, 인천 재능대학교 유아교육과 교수

누리과정 적용을 위한
유아미술활동

초판발행 2013년 8월 30일
5판발행 2019년 8월 20일

2019. 8.

저 자 임 은 숙
발행인 김 현 태
발행처 태영출판사

주 소 (08371) 서울시 구로구 디지털로31길 90, 115-1601
전 화 02 · 839-3757, 839-3752
팩 스 02 · 837-3754
등 록 2005년 5월 30일 제12-421호
홈페이지 http://www.taeyeongbook.co.kr
E-mail tys2005@hanmail.net
ISBN 978-89-6302-125-6 93370
정 가 20,000원

NAVER 태영출판사

* 잘못 만들어진 책은 교환해 드립니다.